당신이 불행하다는 착각

일러두기
1. 외국 인명, 지명 등은 외래어표기법을 따르되 관용적인 표기와 동떨어진 경우 절충하여 실용적인 표기를 따랐습니다.
2. 국내에 소개된 작품명은 번역된 제목을 따랐고, 국내에 소개되지 않은 작품명은 원어를 그대로 표기하였습니다. 단 국내에 소개된 작품이더라도 저자가 원서를 참고한 경우, 작품명은 원어를 그대로 표기하였습니다.
3. 본문의 인용문은 저자가 영문 기사, 외서 등을 직접 번역하여 표기하였습니다.

당신이 불행하다는 착각

정재영 지음

왜 인생이
행복만
해야 한다고
생각하는가

포르*체

누구에게나 불행은 있다

1883년 8월 19일 프랑스 소뮈르에서 한 여자아이가 태어났다. 그 아이의 집은 너무 가난했지만 이건 아무것도 아니었다. 11살이 되던 해 어머니가 돌아가셨고 아버지는 아이를 보육원에 맡긴 후 두 번 다시 찾지 않았다. 그 아이는 어떻게 되었을까. 불행한 어린 시절을 극복하고 그 유명한 코코 샤넬CoCo Chanel이 되었다.

1929년 6월 12일 프랑크푸르트에서 또 다른 여자아이가 태어났다. 이 아이는 1945년 15살의 나이에 나치의 유대인 수용소에서 숨을 거뒀지만, 은신 생활에서 쓴 감동적인 일기가 남아 여전히 사람들이 아이를 기억하고 있다. 이 아이는 바로 《안네의 일기The Diary of Anne Frank》의 안네 프랑크Anne Frank이다.

1962년 7월 3일 미국 뉴욕주 시러큐스에서는 한 남자아이가 태어났다. 아버지는 가난하고 무능력하고 폭력적이었다. 아이는 글을 읽지 못하는 난독증 환자였던 아이는 스스로를 무척 수치스럽게 여겼다. 하지만 이 아이는 난독증을 극복하고 유명한 배우가 되었다. 이 아이는 톰 크루즈Tom Cruise이다.

이들은 고통을 겪었지만 이를 극복해 낸 사람들이다. 어떻게 이겨 냈을까? 나는 오랫동안 그것이 궁금했고 그래서 자료를 찾아 읽기 시작했다. 계속 조사하다 보니 스티븐 스필버그Steven Spielberg, 안젤리나 졸리Angelina Jolie, 앙겔라 메르켈Angela Merkel, 스티븐 호킹Stephen Hawking, 로버트 다우니 주니어Robert Downey Jr., 오프라 윈프리Oprah Winfrey, 다이애나 스펜서Diana Spencer 등 많은 인물을 탐구했고 공통점을 끌어낼 수 있었다.

첫 번째, 모두 인생에 큰 고통이 있었다. 두 번째, 모두 저마다 고통과 불행을 극복한 전략이 있었다. 표로 그 전략을 정리해 보았다.

인물	불행 극복 전략
코코 샤넬	자긍심과 영감을 창조한다
안네 프랑크	암흑 속에서 빛을 찾는다
톰 크루즈	무한히 반복하고 집중한다
스티븐 스필버그	기쁜 일에 몰두한다
앙겔라 메르켈	악당을 연민하다
안젤리나 졸리	불행한 사람들을 진심으로 위로한다
스티븐 호킹	삶의 즐거움을 절대 빼앗기지 않는다
로버트 다우니 주니어	내 삶은 내가 책임진다
오프라 윈프리	두려움을 지운다

불행을 극복한 그들의 서사와 방법을 독자 여러분과 나누고 싶다. 매일 행복한 사람에게는 아니겠지만 매일 또는 가끔이라도 눈물 나게 불행한 사람에게는 그들의 이야기가 위안이 될 뿐 아니라 각성과 성찰의 동기도 될 것이다.

그들이 그랬듯이, 우리도 각자의 불행에 알맞은 극복 방안을 찾아낼 수 있다. 인간은 견딜 수 없는 막대한 불행은 느끼지 못한다. 우리가 인지한 불행은 아무리 커 봤자 감당할 수 있는 불행이다. 이겨 내거나 화해하는 방책이 우리 속에 있을 게 분명하다.

목차

7장 희망 없이 살 수 없다

1장

괴로워 죽겠다면 목표를 세워라

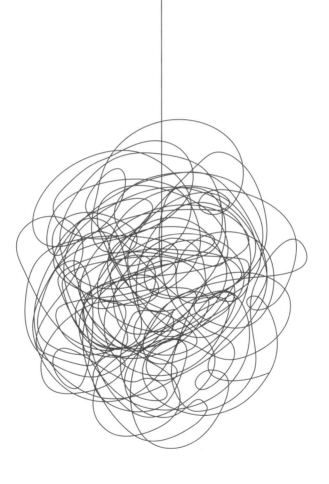

매일 고통스러워 견딜 수 없다면 목표를 세워 보자. 만약 인생이
잘 풀리지 않아 너무 힘들다면 그건 꿈이 없기 때문이다. 크건
작건 진정한 꿈이 우리를 살린다. 여기에 마음을 출렁거리게
만드는 몇 가지 사례가 있다.

글을 못 읽어 놀림당하던 톰 크루즈의 난독증을 치유한 것은
뜨거운 목표 의식이다. 학교에서 매일 두들겨 맞던 스티븐
스필버그와 에미넴Eminem은 카메라와 마이크를 들자 숨통이
트였다. 마약 중독자의 딸 리즈 머리Liz murray와 자기 파괴적인
안젤리나 졸리를 구한 것은 새로운 삶을 향한 열망이었다.
그리고 상어의 공격으로 팔을 잃은 소녀는 목표에 목매지
않음으로써 목표를 이뤘다.

뜨거운 목표 의식이 나를 살린다

톰 크루즈

초등학교 저학년 교실 쉬는 시간이다. 앞에 나서 말과 행동으로 친구들을 웃기는 아이가 있다. 친구들은 그 아이를 보며 깔깔 웃으며 즐거워한다. 하지만 수업을 시작하면 그 아이는 달라진다. 선생님이 "교과서를 누가 읽어 볼래요?"라고 묻자, 아이들이 앞다투어 손을 높이 들었지만 그 아이는 고개를 푹 숙이고 숨었다. 쉬는 시간에 활발하게 남을 웃기던 아이는 왜 수업 시간만 되면 숨었던 것일까? 사실 그 아이는 난독증이 있어 글을 읽을 수 없었다. 글을 읽고 이해하지 못하는 모습을 친구들에게 보여 주기 싫어 수업 시간에 숨었던 것이다. 또 그 모습을 가리기 위해 쉬는 시간에 친구들을 웃기려 했던 것이다. 이 아이는 바로 세계적 영화배우인 톰 크루즈다.

"나는 선생님의 질문에 대답하는 일을 피하는가 하면, 나의 학업 실패에서 친구들의 관심을 돌리기 위해서 광대처럼 행동했다."

난독증뿐만 아니라 톰 크루즈는 여러 고통을 겪었다. 아버지는 걸핏하면 소리 지르거나 주먹을 휘둘렀고, 집은 가난했다. 경제적으로 불안정해서 자주 이사와 전학을 할 수밖에 없었다. 어린 톰 크루즈는 12년 동안 학교를 15번이나 옮겨 다니느라 친구를 사귈 틈이 없었고, 전학 간 학교에서는 힘세고 드센 아이들이 톰 크루즈를 때리고 괴롭혔다. 그 와중에 부모님도 이혼하셨다. 톰 크루즈의 어린 시절에 괴로운 일이 많았지만 그를 가장 힘들게 했던 것은 난독증이었다.

난독증은 지능, 시각, 청각이 모두 정상인데도 글자를 읽고 이해하는 데 어려움이 있는 증상이다. 톰 크루즈는 7살에 자신이 난독증이라는 걸 알았다. 친구들은 읽고 쓸 수 있었지만 자신은 그러지 못했다. 고쳐 보려고 무척 노력했지만 난독증이 그렇게 만만하지 않았다. 톰 크루즈는 좌절했다. 부끄러웠다. 화가 치밀었다. 그가 난독증으로 얼마나 고통스러웠는지 30년이 지났는데도 상세히 기억했다.

"7살 정도 때 나에게 난독증 딱지가 붙었다. 나는 집중하려고 애쓰면서 페이지의 끝까지 읽었지만 내용을 아주 조금만 기억할 뿐이었다. 나는 잊어버렸고 불안했고 긴장했으며,

지루했고 좌절했고 멍해졌다. 나는 화가 났다. 공부를 할 때면 다리에 통증을 느꼈고 머리가 아팠다. 학교 다니는 내내 그리고 영화 일을 시작하고 얼마 동안 나는 비밀을 숨긴 것 같았다. 새로운 학교로 전학을 가면 나의 학습 장애를 아이들이 모르길 바랐지만, 나는 읽기 치료반으로 보내졌다."

비밀을 숨기고 사는 건 연륜 깊은 어른에게도 고통인데 톰 크루즈는 조막만 한 7살 때부터 그런 고통을 겪었다. 난독증을 들킬까 봐 조마조마해서 매일 심장이 쿵쾅거렸을 것이다. 광대 짓을 하며 호탕하게 웃어 보였지만 속은 늘 불안할 수밖에 없었다. 톰 크루즈는 난독증 때문에 심한 외로움도 겪었다.

"나의 어린 시절은 극히 외로웠다. 나는 난독증이었고 많은 아이들이 나를 놀렸다."

아이들이 글을 읽지 못하는 톰 크루즈를 배척하고 놀렸다. 또래 친구들이 모여들어서 웃으며 내게 손가락질한다고 상상해 보자. 손가락질 하나하나가 바늘로 찌르는 듯이 그를 아프게 했을 것이다.

고등학교를 졸업할 즈음에도 난독증은 그의 발목을 잡았다.

"(고등학교 졸업할 즈음) 나는 실질적으로 문맹이었다. 나는 배우는 걸 좋아하고 배우고 싶었다. 그러나 나는 내가 교육 시스템 안에서 실패했다는 걸 알고 있었다."

그런데 놀라운 사실이 있다. 그는 어린 시절 내내 불안과 고통의 원인이었던 난독증을 극복했다. 불치병이라는 주장이 있을 정도로 난독증은 까다로운 질병인데 어떻게 극복했을까. 톰 크루즈는 자신의 비법에 대해서 이렇게 설명했다.

"난독증이었던 나는 집중력을 키우는 훈련을 해야만 했다. 나는 읽은 것을 이해하기 위해 머릿속에서 시각적 이미지를 만드는 방법을 익혔다."

톰 크루즈는 시나리오를 읽지 못한다는 사실에 절망스러웠다. 배우라는 꿈을 포기하지 않으려면 할 수 있는 일은 하나뿐이었다. 난독증을 이겨 내야만 했다. 그래서 그의 모든 걸 쏟아붓는 노력으로 연습에 집중했다. 정신이 분산되지 않게 집중하는 연습을 수없이 반복했으며, 시나리오를 이미지로 만들어서 머리에 저장하고 또 저장했다. 그렇게 노력한 끝에 글을 읽고 이해하는 것에 그치지 않고 책을 풍부하게 이해할 수 있는 능력을 갖추게 되었다. 유명 작가도 감탄할 정도였다.

작가 앤 라이스Ann Rice는 1994년 영화 〈뱀파이어와의 인터뷰〉의 원작자인데, 처음에는 톰 크루즈가 레스타트라는 뱀파이어 역할을 맡는 것에 반감이 컸다. 앤 라이스는 적극적으로 반대했다. 원작에서 레스타트는 키가 크고 금발인 반면, 톰 크루즈는 키가 작고 갈색 머리여서 외모가 레스타트와 어울리지 않다고 생각했기 때문이다. 또 외모뿐 아니라 내면에서 우러나는 분위기도 전혀 맞지 않는다면서 톰 크루즈의 영화 출연을 반대했다.

톰 크루즈는 가만있지 않고 자신이 레스타트에 적합한 배우라는 걸 증명하기 위해 나섰다. 피아노를 배웠고 체중을 6킬로그램 감량했으며 프랑스 파리로 이사까지 가 배역에 필요한 파티 문화 경험을 쌓았다. 가장 중요한 승부수는 독서였다. 배역을 충분히 이해하는 것이 가장 중요한 일이라 생각했기에 그때까지 출간된 원작자 앤 라이스의 모든 책을 읽고 또 읽었다. 난독증을 겪었던 톰 크루즈가 책벌레가 된 듯이 책을 섭렵한 것이다.

톰 크루즈의 노력은 스크린에서 증명되었고 혹평했던 원작자는 영화 개봉 후 태도를 바꿔 한 인터뷰에서 톰 크루즈를 극찬했다.

"나는 톰 크루즈가 굉장히 잘 해냈다고 생각합니다. … 처음에는 너무 기겁해서 배역에 반대했지만, 그는 책들을 실제로 읽었으며 레스타트의 핵심을 이해했다고 봅니다."

천지개벽 같은 기적이다. 짧은 글도 제대로 읽지 못해 놀림 당했던 아이가 세계적 유명 작가로부터 책을 잘 읽고 이해도 잘했다고 극찬을 받았다. 이것이 진정한 인생 역전이 아닐까. 가난했던 톰 크루즈가 부유한 영화배우가 된 것도 대단한 일이지만, 글을 읽고 해석할 수 있는 지적 역량의 비약이 훨씬 감동적이다.

톰 크루즈가 자신의 꿈 앞에서 난독증을 극복하는 것을 포기했다면 성공할 수 있었을까? 아니다. 톰 크루즈는 삶의 역경 앞에서 투쟁했기에 그런 결과를 얻을 수 있었다. 그는 집중하고 반복해서 목표를 이루어 냈다. 목표가 난독증 극복이건 배역 얻기이건 자신의 원하는 목표를 선명하게 설정하고 그다음 가장 좋은 방법을 찾아서, 깊이 집중하고 분투했다. 그것이 자신을 괴롭히는 삶의 고통을 조금씩 줄여 나가는 톰 크루즈의 삶의 전략이다.

톰 크루즈의 집중 반복 투지를 입증하는 것이 또 있다. 바로 위험천만한 스턴트 연기다. 그는 직접 스턴트 연기를 하는 기인이다. 절벽을 맨 손으로 등반했고 날아다니는 비행기에 매달리기도 했으며 세계 최고층 빌딩을 오르기도 했다. 말도 안 되는 미친 짓이다. 대부분의 영화배우들은 대역 배우가 대신 연기하는 데 흔쾌히 동의한다. 왜 톰 크루즈는 그런 위험한 스턴트 연기를 직접 할까?

"나는 관객을 즐겁게 하기 위해서 내가 가진 모든 수단을 쓰고 내가 할 수 있는 모든 것을 시도한다."

그는 무엇보다 '관객의 만족을 위해서'라고 말했다. 직접 배우가 나서서 연기를 하면 관객들이 더 크게 감동을 받고 즐거울 수 있기 때문에 톰 크루즈는 직접 위험한 연기를 했던 것이다. 또 더 진실된 영화를 관객에게 보여 주고 싶은 톰 크루즈의 진심인 것이다. 그리고 스턴트 연기를 잘 해내기 위해 끝없이 노력하고 집중한다.

톰 크루즈는 자신의 영화사에서 가장 위험한 촬영을 하기로 결심했다. 오토바이를 타고 경사로를 올라가서 절벽 아래로 뛰어내린 후 낙하산을 펴는 장면에 도전하게 된다. 이건 스턴트 연기에서도 어려운 편이기 때문에 그 장면을 촬영하기 위해 톰 크루즈는 총 1년 동안 연습을 했다. 영화 제작진에 따르면 스카이다이빙은 총 500번 반복했다. 비행기에 타고 하늘로 올랐다가 뛰어내리고 다시 오르고 내리기를 50번도 아니고 500번이나 반복한 것이다. 또 오토바이 운전 연습의 경우 훈련장에서 연습한 점프 횟수가 1만 3천 번 정도였다. 1천 300번이 아니라 그 10배이다. 하루 130번씩 점프를 했을 때 100일 동안 매일 연습해야 도달할 수 있는 연습량이다. 결국 원하는 촬영에 성공한 것은 쉽게 이뤄진 것이 아니다. 거의 무한 반복에 가까울 정도로 연습한 결과이다.

"모든 전사 중에서 최강의 두 전사는 시간과 인내다."
　–　　　톨스토이

　시간과 인내가 모든 것을 이긴다. 인내하면서 시간을 보내면 그 무엇보다 강해진다. 톰 크루즈는 반복하고 반복하며 인내의 시간을 보냈고, 그 덕에 어려운 스턴트 장면을 촬영할 수 있었다. 난독증 극복을 위해서 한 페이지를 수백수천 번 반복해서 읽었을 톰 크루즈의 모습이 상상된다.

　세상에서 가장 인내심이 뛰어난 배우가 주는 교훈이 있다. 지치지 않고 반복하면 반드시 성취할 수 있다는 평범한 진리이다. 책을 읽을 때도 포기 않고 반복하면 집중력을 1밀리미터씩 높일 수 있다. 평지에서 오토바이 점프를 1만 번 정도 연습하면 절벽에서도 안정적으로 뛰어내려 세상 관객들을 감동하게 만드는 능력을 갖게 된다. 원리는 간단하다. 지치지 않고 집중하고 반복하는 것으로 충분하다.

　톰 크루즈가 운명을 새로 쓰고 싶은 사람에게도 통찰력을 준다. 우리는 운명을 바꾸고 싶을 때가 있다. 불가능하지 않다. 사실은 누구나 원하는 대로 운명을 새로 쓸 수 있다. 다만 새로운 운명은 보드라운 종이가 아니라 딱딱한 석판에 써야 한다.

돌 위에 나의 새로운 운명을 써야 나의 운명이 방향을 바꾸는 것이다. 그럴 때 긴요한 것은 집중과 반복이다. 돌판에 인생의 각본을 쓰려면 날카로운 조각칼 하나를 손에 쥐고 백번 천번 새겨야 한다.

우리의 운명을 결정하는 습관적인 생각을 바꾼다고 가정해 보자. 나쁜 자에게 항변 한번 못하는 나를 바꾸고 싶다면, 스스로를 끔찍이 미워하는 습관을 버리길 원한다면, 망상 속에서 매일 두려워하는 나의 변화를 꿈꾼다면, 내 마음속 석판에 그 바람을 정확히 적어야 한다. 집중해서 수없이 되풀이하며 새겨야 한다. 그러면 생각과 습관이 바뀌고 운명이 변화할 수 있을 것이다. 그 사실을 오토바이를 타고 1만 3천 번 점프하며 영화 촬영 준비를 했다는 톰 크루즈에게서 배운다.

누구나 톰 크루즈처럼 초인적으로 강인하고 목표지향적이어야 하는 건 아니다. 탐탁지 않다면 톰 크루즈의 교훈을 기각해도 된다. 편안하고 여유로운 목가적인 삶도 충분히 아름다우니까. 또 꿈에 헌신한다고 모두 톰 크루즈처럼 난독증을 극복하고 세계 최고의 스타가 되는 것은 아니다. 톰 크루즈의 대성공은 헌신 이외에도 우연과 재능 같은 또 다른 요인이 영향을 미쳤을 것이 분명하다. 모두 저마다의 성공과 성취를 이루면서 제각각 행복할 수 있다.

그런데 결과가 어떻든 톰 크루즈처럼 모든 걸 걸고 목표에 도전하고 싶은 열망이 들끓는 이들도 있다. 어떤 사람은 극복을 시도하지 않고는 못 견딜 고난을 타고난다. 이를테면 난독증이나 궁핍, 절망감 같은 것 말이다. 방치하면 고난이 점점 커져 나를 삼킬 게 분명하다. 평생 절망하면서 살 것인가. 도전할거라면 그때 톰 크루즈가 주는 영감이 더할 수 없이 유용할 것이다.

"나는 아침 일찍 일어난다. 4시나 5시면 일어난다. 나는 열심히 일하는 걸 정말 즐긴다. 나는 일주일에 7일 동안 일하는 사람이다. 영화 촬영장에 있는 게 나의 휴가다. 난 휴가를 거의 가지 않는다. 나는 배우는 걸 좋아한다. 인생이란 새로운 것을 배우고 자신에게 도전하는 것이라고 생각한다. 나는 돈 없이 자랐다. 어떤 것도 없었다. 나는 스스로 해냈다. 연기 교습을 받을 돈도 없었다. 자신에게 도전했을 뿐이다."

톰 크루즈는 새로운 걸 배우고 낡은 자신이 변화하는 것을 가장 중요하게 생각했다. 자기 창조 의지가 강한 그는 반복과 몰입을 통해 난독증을 완치 혹은 완화하거나 위험천만한 곡예 기술을 익혀서 끝내 자신을 변화시키고야 만다. 한마디로 그는 끝없는 자기 갱신이 목표인 구도자다.

글을 읽지 못해 수치스럽고 외로웠던 아이가 그렇게 가장 투쟁적이고 영적인 존재로 성장했다. 슬프기도 하다. 자신을

철저히 바꾸지 않고는 삶의 고통에서 벗어날 수 없었던 아이의
운명이 가여워서 더 감동적이다.

좋아하는 일을 자신에게 선물하라

스티븐 스필버그, 에미넴

학교에서 매일 두들겨 맞던 두 사람이 있다. 이들은 고통의 시절을 통과한 후 유명한 예술가가 되었다. 둘의 공통점은 또 있다. 자신에게 좋아하는 일을 선물하는 것으로 고통을 견뎌낼 수 있었다.

첫 번째 주인공 스티븐 스필버그는 세상에서 가장 유명한 영화감독이다. 재산도 어마어마하다. 〈포브스〉에 따르면 〈죠스〉, 〈쥬라기 공원〉, 〈E.T.〉 등 20세기 최고의 대중 영화를 연출한 스필버그 감독의 2023년 순자산은 40억 달러이다. 한화로 약 4조 원 정도인데 하루에 1억씩 써도 탕진하려면 100년 넘게 걸리는 거액이다.

그는 태어났을 때부터 성공한 인생이었을까? 아니다. 그의 어린 시절은 아무도 바꾸고 싶지 않을 정도로 행복하다고 보기 어려웠다.

어린 스티븐 스필버그는 유대인이라는 이유로 친구들에게 괴롭힘을 당하며 지냈다. 가족이 오하이오에서 애리조나로 그리고 캘리포니아로 이사를 했는데, 스필버그는 종종 동네에서 유일한 유대인 가족의 아이였다. 1993년 〈뉴욕타임스〉 인터뷰에서 이렇게 회고했다.

"나는 당황스러웠고 남의 시선을 의식했다. 항상 내가 유대인이기 때문에 튄다는 걸 알았다. 고등학교 때는 친구들이 여기저기 때리고 발로 찼다. 두 번이나 코가 피투성이가 된 적이 있었다. 정말 무서웠다."

스필버그는 어릴 때부터 인종 차별을 당했다. 오직 유대인이라는 이유로 따돌림당하고 주먹질을 당했다.

이런 상황에서 자칫하면 피해자는 가해자에게 항의하지 못하고 비난의 화살을 자신에게 돌린다. 가해자가 아니라 자기가 문제의 원인이라고 생각하는 것이다. 스필버그도 그랬다.

1999년 〈피플〉 인터뷰에서 스필버그는 어릴 때 포장용 테이프로 코에서 이마까지 꽉 눌러 붙이고 잠을 잔 적이 있다고 했다. 코를 작게 만들기 위해서였다. 유대인의 외모 특징인 매부리코를 눌러서 모양을 바꾸려고 했던 것이다.

"나는 내가 유대인이 아니길 바랐다. 다른 무엇이 되고 싶었
던 게 아니라 괴롭힘을 당하지 않기를 바랐을 뿐이다. 나는
보통의 친구들과 비슷해지고 싶었다."

스필버그는 괴롭힘이 고통스러워서 자신의 존재를 부정하
고 싶었다. 유대인인 것이 너무나 싫었다. 스필버그는 매일 무
섭고 괴로웠다. 이런 그의 어린 시절을 알게 되면 그가 마냥 부
럽지는 않을 것이다. 4조 원의 재산도 인종 차별 학대로 받은
어린 시절의 상처를 말끔히 치유해 줄 수 없을 것이다. 어린 스
필버그는 어떻게 차별과 폭행, 자기혐오를 견디고 이겨 낼 수
있었을까?

"표현의 수단으로 나는 아버지의 8밀리미터 카메라를 선택
했다."

아버지의 카메라가 스필버그의 삶을 바꿨다는 건 널리 알려
져 있다. 아마추어였지만 영화를 만드는 일은 스필버그에게는
해방이었다. 놀림, 차별, 폭행, 자기부정에서 벗어나는 길이었
다. 또 자신의 재능을 발견한 후에는 자부심도 커졌다. 이제는
친구들이 아무리 괴롭혀도, 영화에서 삶의 기쁨을 찾을 수 있
던 스필버그는 힘든 학교생활을 훨씬 잘 견뎠다.
　여기서 중요한 걸 알 수 있다. 삶이 끔찍할수록 '좋아하는

일'이 우리를 구조한다. 지겨운 직장을 당장 때려치우고 좋아하는 일을 시작하는 것도 방법이다. 그러나 그게 어렵다면 직장을 다니면서라도 좋아 견딜 수 없는 취미를 가지면 좀 낫다. 학교도 바로 그만둘 수 없다면, 학교 안팎에서 내가 좋아하는 일을 찾는 게 생존의 기술이다. 자신이 정말 좋아하고 자신을 자극하고 성장시킬 수 있는 일, 그것에 몰두할 때 우리는 생존할 수 있다.

스필버그와 비슷한 사례가 또 있다. 허구한 날 두들겨 맞던 열등생이 자라서 위대한 예술가가 되었다. 미국 래퍼 에미넴의 성공 스토리다. 에미넴은 음반 판매량이 약 2억 2천만 장에 이른다. 그래미상을 15회 받았고 아메리칸 뮤직 어워드를 8회 수상했으며 음악 잡지 〈빌보드〉는 2000년대 최고의 아티스트로 그를 선정했다. 재산도 대단한 수준이다. 에미넴의 순자산은 2억 달러를 웃돈다고 한다. 그 돈은 1년에 20억 원씩 100년을 쓸 수 있는 돈이니 절대 다수에게는 천문학적인 액수다.

학생 에미넴의 생활을 봤다면 그가 막대한 부와 명성을 쌓을 거라고 아무도 상상조차 못 했을 것이다. 학생 에미넴을 지켜본 사람은 그의 미래가 밝다고 말할 수 없었다. 무엇보다 학업이 엉망이었다. 성적이 나빠서 9학년을 3년 동안 다니다가 결국 학교를 그만두었다. 게을렀던 것도 원인이겠지만, 에미넴이 공부에 성실할 수 없었던 사정이 있었다.

에미넴은 스필버그처럼 폭력에 시달렸다. 학교생활이 지옥이었다. 에미넴이 학교 폭력의 대상이 된 원인은 가난이었다. 음악을 했던 아버지가 가족을 내팽개치고 일찍 집을 나가 버리자, 가난한 어머니는 아이들을 데리고 친척의 집을 떠돌게 된다. 한집에 오래 얹혀사는 게 어려우니 자연히 이사가 잦았다. 에미넴은 1년에 서너 번 전학을 한 적도 있는데 그때마다 학교에서 곤욕을 치렀다.

"나는 화장실에서 맞고 복도에서도 맞았다. 개인 사물함이 있는 곳에서는 거칠게 떠밀리기도 했다. 내가 새로운 아이였다는 게 가장 큰 이유였다."

에미넴이 당한 학교 폭력은 아주 심했다. 그중 그가 나중에 노래 〈브레인 데미지 Brain Damage 〉에 담았던 사례에서는, 어떤 아이가 전속력으로 달려와 충돌하는 바람에 에미넴은 옆에 있던 눈 무더기에 머리를 부딪혔다. 그대로 정신을 잃었다. 곧 귀에서 피가 흐르기 시작했다. 뇌출혈이었고 5일 동안 의식이 없었다. 그의 어머니는 의사들이 에미넴을 포기한 것 같았다고 회고했다. 아들을 영영 잃을지도 모른다는 생각에 눈물을 터뜨릴 수밖에 없었다.

에미넴은 집요하고 무자비한 폭력을 어떻게 견뎠을까. 스티븐 스필버그에게 카메라가 있었다면 그에게는 음악이 있었다.

〈빌보드〉 인터뷰에서 그는 이렇게 말했다.

"내 삶의 그 단계를 통과하게 만든 것은 랩이었다. 나는 중요
한 걸 깨달았다. '그래 이 아이는 여자 친구도 많고 좋은 옷
을 입지만 랩은 나처럼 할 수 없다.' 스스로를 존중하고 있
음을 느끼기 시작했다."

에미넴은 자신이 이성에게 인기도 없고 싸구려 옷을 입고
공부와 싸움 실력이 형편없지만, 랩 실력만은 월등하다는 걸
알게 된다. 이 발견은 큰 선물이었다. 매일 맞고 지내던 자신을
존중하게 되었다. 자부심과 자긍심이 높아졌다. 그 후 인생도
바뀌었다.

"나는 학교나 집에서는 아무것도 아니었다. 하지만 내가 사
랑하는 것을 발견한 후에는 달라졌다. 그것은 음악이었다.
음악이 내 모든 것을 바꿔 놓았다."

그가 랩을 사랑하기 시작했다고 해서 그를 향한 조롱이나
차별이 멈췄을 리는 없다. 하지만 에미넴 본인이 변했다. 훨씬
커지고 강해졌다. 정신의 덩치가 커지니 시시한 조롱이나 차별
에 흔들리지 않은 것이다. 에미넴은 갈수록 음악을 사랑하게
되었고, 최고의 아티스트가 될 역량을 서서히 길러 나갔다.

남이 좋아하는 일만 하면 내 존재는 죽는다. 내가 좋아하는 일이 나를 살린다. 내가 좋아하는 일은 산소 호흡기다. 답답해 견딜 수 없다면 그걸 찾아 나에게 선물해야 한다. 내가 웃으며 숨 쉴 수 있을 테니까.

그런데 여기서 의미를 한꺼풀 벗겨 보자. 지금까지 말한 '좋아하는 일'은 정확히 무슨 뜻일까. 여기서 말하는 좋아하는 일은 음식 먹기, 편히 쉬기와 같은 쉬운 일이 아니다. 스트레스를 줄여 주는 이로운 일이지만 먹거나 쉰다고 해서 학교 폭력 같은 끔찍한 고통에서 벗어날 계기가 생기기는 어렵다.

우리를 구해 줄 '좋아하는 일'은 실은 '약간 어렵지만 좋아하는 일'이다. 어린 스필버그에게 영화 제작 일이 쉬웠을 리 없다. 뜻대로 되지 않아 스스로 화가 나고 실망한 게 한두 번이 아니었을 거다. 에미넴도 랩을 한두 번 연습했다고 실력이 쑥쑥 늘지 않아 괴로웠을 것이다. 누구나 실망과 좌절 끝에 성장의 기쁨을 누리기 마련이다.

우리를 기쁘게 하는 다른 취미들 그러니까 책 읽기, 운동, 요리, 요가, 악기 연주, 춤 등도 똑같다. 마냥 쉽지 않다는 특성이 공통점이다. 사람도, 직업도, 취미도 쉽지 않아야 더 좋다. '약간 어렵지만 좋아하는 일'을 해야 더 즐겁고 행복하며, 성장할 수 있다.

이야기를 더 확장해 보자. 인생 전체를 놓고 봐도 똑같다.

의미 있는 인생을 살고 싶다면 약간 어려워야 한다. 수백수천 개의 소원을 들어주는 램프의 요정을 곁에 두고 있으면, 인생은 지루하고 무의미하게 느껴질 수 있다. 삶을 의미 있게 만드는 것은 결핍 혹은 좌절의 경험이다.

그래서 이렇게 정리할 수 있다. 의미 있는 삶의 3조건은 목표감, 좌절감, 성취감이다. 분명한 목표를 이루기 위해 노력해도 달성하기 쉽지 않아 좌절을 겪을 것이다. 하지만 끝내 목표를 성취했을 때 우리는 비로소 자신의 삶에 만족할 수 있다. 즉 삶에서 가치와 의미를 가지게 되는 것이다.

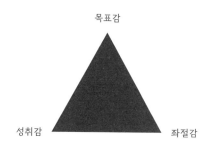

목표감

성취감　　　　　　　　좌절감

[의미 있는 삶의 3요소]

여기서 모두 피하고 싶지만 반드시 필요한 것은 좌절감이다. 좌절하려면 목표를 품어야 한다. 숨쉬기나 껌 씹기처럼 쉬운 목표여서는 안 된다. 아무리 작아도 조금 까다로워야 한다. 하루 10분 명상, 30분 묵언, 1시간 독서 등이 예가 될 수 있다. 그런 작은 목표를 손쉽게 달성한다면 좌절감을 느끼지 못하는 위기가 닥친다. 그때는 더 크거나 새로운 목표를 설정해서 새벽 공기처럼 신선한 좌절을 자신에게 공급해야 한다.

　그러는 사이에 우리는 하루 90킬로그램씩 자란다는 새끼 대왕고래처럼 쑥쑥 성장하고 날로 유능해지겠지만 그런 성과보다 더 의미 있는 건 생명력이 강해진다는 사실이다. 매일 주먹질 당하던 스필버그와 에미넴도 작은 꿈이 살려 냈다. 재미있는 일이 생기면 죽을 이유가 없어진다. 나를 죽도록 괴롭히는 자들의 위력도 만만해진다. 목표와 그에 따르는 좌절이 삶에 없다면 병상의 노인처럼 죽음이 가깝다는 뜻이다. 나만의 재미있고 까다로운 목표가 나를 살린다. 못 견디게 죽고 싶다면 삶이 부조리해서가 아니라, 적절한 난이도의 꿈이 없기 때문일지도 모른다.

불행하지 않은 삶을 상상하라

리즈 머리

여기 하버드 대학생이 된 노숙인의 인생 성공 이야기가 있다. 그 이야기의 주인공은 리즈 머리다. 그는 1980년 뉴욕 브롱크스에서 가난한 마약 중독자 부부의 딸로 태어났다. 마약 중독자의 자녀로 산다는 건 어떤 삶일까. 거실의 풍경부터가 보통 가정과 다르다. 리즈 머리는 언론 인터뷰나 강연에서 부모님이 집에서 마약 파티를 준비하는 것을 서너 살 때부터 지켜봤다고 여러 번 회고했다.

마약에 심각하게 중독된 그녀의 부모님은 자녀보다 마약 구입을 더 중요하게 생각했다. 마약을 살 돈이 떨어지면 TV나 토스터 등 집안 살림을 내다 팔았다. 게다가 팔 수 있을 물건이 남아 있지 않을 때는 언니 리사의 코트까지도 팔 정도였다.

리즈와 언니는 항상 배가 고팠다. 허기를 채우기 위해 얼음 조각을 먹기도 했고, 치약이나 립밤을 먹은 적도 있었다. 게다가 집은 더러워서 항상 머리에 이가 가득했다. 영양 상태와 위생 상태가 좋지 않아 학교를 제대로 다닐 수 없었다.

하지만 리즈는 그런 부모님이라도 무척 사랑했다. 특히 엄마에 대한 마음이 깊었다.

"나는 엄마를 아주 많이 사랑합니다. 엄마는 마약 중독자였고 알코올 중독자였습니다. 엄마는 법정 저시력자였고 조현병 환자였습니다. 하지만 엄마는 잊었을지 몰라도 나는 엄마가 나를 사랑했다는 걸 결코 잊은 적이 없습니다."

리즈가 15살 때 엄마로부터 감당할 수 없는 사실을 듣는다. 엄마가 HIV 보균자라는 것이었다. 엄마의 병세는 점점 악화되었고 결국 사망하고 만다. 엄마는 꿈이 있다고 했다. 새로운 인생을 살고 싶다고 리즈에게 자주 말했다. 하지만 엄마는 꿈을 이루지 못하고 숨을 거뒀다.

"1996년 엄마가 돌아가셨어요. 엄마는 기증받은 나무 상자에 넣어져 공동묘지에 묻혔어요. 나는 상자 맨 위에서 봤던 걸 잊지 못합니다. 엄마 이름이 잘못 적혀 있었어요."

이 일이 불쾌했던 이유는 엄마의 존재가 무시당한 것이기 때문이다. 세상은 떠나는 엄마를 아무렇게나 불렀다. 엄마는 땅에 묻히면 그만인 무의미한 존재로 여겨졌다. 엄마가 사망한 후 아빠는 노숙인 보호소로 갔고 리즈는 길거리로 나가게 된다. 지하철과 공원 벤치에서 잠을 잤고 친구 집에서 잘 때도 있었다. 매일 아무 곳에서나 되는 대로 쉬고 잠을 잤다.

그러다 17살 리즈 머리가 결심을 한다. 다른 아이들처럼 자기도 공부를 하기로 마음을 먹었다. 하지만 그를 받아 주는 학교는 없었다. 노숙인이었기 때문이다. 거처가 없는 아이의 입학을 허가하지 않는 것은 학교 입장에서 당연했지만 리즈는 크게 절망할 수밖에 없었다. 수많은 학교에서 거절당해 공부를 포기할 즈음에 행운이 찾아왔다. 한 대안 학교에서 리즈를 받아 주기로 한 것이다. 리즈는 자신의 입학을 허가해 준 학교에 감사한 마음에 열심히 학업에 집중했다. 결국 리즈는 4년 과정을 2년 만에 아주 우수한 성적으로 마쳤고 학교도 리즈의 노력과 결과에 놀랐다.

그 후 아빠가 에이즈로 사망한 것을 빼고는 감동적인 일들이 연달아 일어났다. 600대 1의 경쟁을 뚫고 〈뉴욕타임스〉의 장학금을 받는 5명의 학생 중 하나로 뽑혔고 2000년에 하버드 대학에 입학하게 된다. 또 〈오프라 윈프리 쇼〉 등 여러 TV 프로그램에 출연했으며 자서전 《길 위에서 하버드까지 Breaking Night》(다산책방, 2012)는 미국은 물론 한국에서도 베스트셀러가 되었다. 그리고 리즈 머리는 미국에서 가장 유명한 강연자가 되었고 결혼해서 행복한 가정도 꾸렸다.

마약 중독자의 딸이었고 굶기를 밥 먹듯이 했고 집도 없었던 리즈 머리는 자기 힘으로 일어났다. 그 힘의 원천은 무엇이었을까. 다름 아니라 새로운 삶에 대한 열망이었다. 리즈 머리가 하버드 합격이나 사회적 성공 같은 구체적인 것을 꿈꿨던 게 아니다. 그런 꿈이 있다거나 그런 꿈을 가르쳐 주는 사람이 어릴 때부터 곁에 없었다. 리즈 머리의 가슴에 있던 추상적인 꿈은 삶을 바꾸는 것이었다.

　　"하버드가 문제가 아닙니다. 명문 학교 문제도 아니고요. … 배움에 대한 문제입니다. 스스로 교육하고 지식을 충분히 쌓아서 작은 틈이나 균열을 통해서라도 빠져나갈 길을 찾아야 했어요. 태어나 갇혀 버린 함정에서 솟아나서 탈출하는 게 나의 절실한 문제였습니다."

　　리즈 머리는 태어나자마자 원치 않는 함정에 빠졌다고 생각했다. 그녀는 그 함정은 아주 끔찍했고 기어서라도 빠져나가고 싶었다. 이를 탈출할 수 있는 유일한 방법은 공부라고 생각했기 때문에 열심히 노력했다. 즉 하버드 진학이 목표였던 것이 아니라 더 나은 삶이 목표였다. 리즈 머리는 다가올 미래의 모습을 상상하며 하루하루를 견뎠다.

　　"나 자신에게 물었어요. 매일 아침 일어나 인생을 바꾸기 위해 내 능력 안에서 모든 것을 다 한다면 어떻게 될까? 1달

후에는 어떤 일이 일어날까? 1년 후에는?"

리즈 머리는 매일 상상했다. 모든 능력을 다 쏟은 후 만나게 될 자기 모습을 상상했다. 상상하면 할수록 미래는 지울 수 없을 정도로 점점 뚜렷해졌을 것이다. 그렇게 꿈이 선명해지면 밝은 등대를 본 뱃사람처럼 실패하기 어려워진다. 리즈 머리는 정말로 꿈처럼 새로운 삶을 살게 되었다.

그런데 리즈 머리가 홀로 꿈을 꾼 것은 아니다. 그의 마음 밑바닥에 꿈을 심어 준 사람들이 있다. 공부를 도와주거나 경제적으로 지원해 주진 못했지만 새로운 삶이 있다는 것을 알려 준 사람들은 바로 부모였다.

"우리 가족은 뿔뿔이 흩어졌어요. 처음에 나는 나 자신을 반항아나 희생자로 여겼는데 어느 순간 깨닫게 되더군요. 나도 엄마가 항상 했던 말을 자주 했어요. '언젠가 나는 내 인생을 바꿀 거야.' 엄마가 꿈을 이루지 못하고 돌아가시는 걸 본 후에 확신했어요. 나의 시간은 지금이 아니면 영원히 오지 않는다고."

리즈 머리의 엄마는 딸에게 인생을 바꾸고 싶다는 소망을 자주 토로했지만 마음 아프게도 소망을 이루지 못한 채 가난하고 병든 마약 중독자로 세상을 떠났다. 엄마의 비극적 죽음은 리즈를 각성하게 했다. 자신도 시간이 많지 않으며 엄마처럼 꿈이 좌절된 채 삶을 마감할 수도 있다는 냉혹한 현실을 깨달았다. 정신이 든 리즈 머리는 결심한다. 공부를 시작해서 운명으로부터의 탈출을 계획한다.

엄마는 리즈 머리를 보살펴 주지 못했다. 제대로 먹이지 않았고 교육도 시키지 않았다. 결코 모범적인 엄마라고도 할 수 없다. 하지만 단 하나 운명에 균열을 일으켜 그 틈으로 빠져나가야 할 이유만은 딸에게 가르쳐 줬다.

리즈 머리는 아빠에게서도 중요한 걸 배웠다. 아빠는 새로운 삶이 있다는 걸 알려 줬다.

"내가 어렸을 때 아빠는 나의 세계에서 가장 흥미로운 사람이었어요. 모두 마약에 대해서 말하고 성적인 소리를 하며 그날그날 연명할 생각뿐이었어요. 그러나 아빠에게는 많은 아이디어가 있었어요. 다른 존재가 되는 길이 있다는 걸 나는 아빠 덕분에 알게 되었어요."

마약 중독자에 경제적 무능력자였으며 자녀를 돌보기는커녕 자기 하나 건사하지 못한 아빠다. 하지만 아빠는 세상과 사람들에 대한 풍부한 이야기를 들려줬고 그런 이야기를 들으면서 리즈 머리는 믿게 되었다. 밖에는 다른 세상이 있고, 자신도 다른 존재가 될 수 있다는 믿음이 생겼다. 리즈 머리의 부모는 고통스러운 현재의 삶과는 다른 행복한 삶이 존재한다고 리즈 머리에게 알려 줬다. 그 정보는 보물섬 지도와 같은 역할을 했다. 리즈 머리를 꿈꾸게 했고, 새로운 목표를 향하게 만들었다.

괴로운 삶에서 벗어나려면 리즈 머리처럼 상상해야 한다. 몇 년 후 내가 도달할 그곳의 풍경과 나의 모습을 꿈꾸는 것이다. 상상력이 없으면 우리는 현재의 진흙탕에서 벗어날 수 없다. 의지가 훨씬 중요하다고? 순서가 틀렸다. 상상력이 의지의 어머니다. 상상해야 의지가 생긴다. 의지가 약한 것은 상상력이 빈약하기 때문이다.

그런데 상상력이 빈약한 사람은 왜 그럴까? 지금의 삶이 괜찮기 때문이다. 그럭저럭 살만하니까 새 삶을 상상하지 않는 것이고, 쓰지 않는 허벅지 근육처럼 상상력도 쓰지 않을수록 빈약해지는지는 원리이다.

그러니까 답이 나온다. 어떻게 해야 상상하게 되는지 해답이 쉽게 나온다. 나의 삶을 싫어해야 한다. 진심으로 미워해야 한다. 마약 중독자의 딸처럼, 사냥꾼의 함정에 빠진 동물처럼, 자신의 삶과 운명에 진저리를 쳐야, 우리는 상상할 수 있고 새로운 사람이 될 수 있다.

그런데 중요한 조건이 하나 더 있다. 내 삶을 미워해야지 나를 미워해서는 안 된다. 리즈 머리를 닮아야 한다. 그는 자신을 혐오하지 않았다. 자신을 노숙자의 삶보다 더 아름다운 삶을 누릴 자격이 있는 소중한 존재라고 생각했다. 교육과 새 삶의 기회를 찾아내 스스로에게 선물했던 리즈 머리는 자신을 무척 사랑했다. 그는 부모도 싫어하지 않았다. 자기의 근원인 부모를 원망하는 건 결국은 자기혐오다. 부모를 비난하는 건 나의 살과 뼈와 정신을 저주하는 것과 다르지 않아서 고통스러운 것이다. 리즈 머리는 마약 중독자였던 부모를 사랑했고 그들에게서 교훈과 희망을 찾아내 껴안았다.

새 삶을 절실하게 상상하고 싶은가. 먼저 나의 현실, 나의 운명, 나의 현재 삶에 진저리를 치는 게 필요조건이다. 동시에 나를 – 그리고 나를 사랑하는 사람을 – 진정으로 사랑해야 한다. 나의 삶은 미워하고 나의 존재는 사랑하는 게 요점이다. 나와 나의 근원을 미워해서는 안 된다. 그러면 새로운 삶을 창조할 주체가 사라지기 때문이다.

물론 우리 모두 하버드 대학에 합격하고 세계적인 베스트셀러 작가인 리즈 머리를 선망해야 하는 것은 아니다. 세상에 꿈은 수백수천 가지다. 가령 종교적이거나 철학적인 믿음을 실천하기로 숭고한 마음을 먹을 수도 있다. 자신의 열정과 영감을 글, 그림, 디자인, 음악 등으로 표현하는 예술적 목표도 가능하다. 설사 즐거움을 듬뿍 누리거나 큰돈을 모으는 세속적 꿈이더라도 전혀 문제 될 게 없다.

삶의 목표는 셀 수 없이 많다. 그 어떤 것을 택하건 그것은 순수하게 개인의 자유다. 그런데 모든 꿈에는 공통점이 있다.

상상해야 이뤄진다. 부자의 꿈만 그런 게 아니다. 현명해지거나 행복해지는 꿈도 진심으로 원하고 상상해야 이루어질 가능성이 커진다.

자신의 삶을 미워하라. 자신의 불행에 치를 떨어라. 동시에 이 끔찍한 곳에 던져진 나를 가여워하고 사랑하라. 그러고 나면 우리는 하버드대 출신이나 유명인이 되지 않아도 행복할 수 있다.

고요히 할 수 있는 일에 집중하라

베서니 해밀턴, 레오나르도 디카프리오

서퍼 베서니 해밀턴Bethany Hamilton은 상어에게 팔을 잃었지만 상어가 도사리는 바다로 되돌아왔다. 강철 심장인 것은 아니다. 다만 두려움을 견뎌 내는 방법을 알았던 것뿐이다.

그는 1990년 미국 하와이 카우아이에서 태어나 자랐다. 부모와 두 오빠 모두 서퍼였으므로 그에게 서프보드는 유아차처럼 친숙했다. 어릴 때부터 서핑을 시작한 베서니 해밀턴은 실력도 뛰어나 8살에 서핑 대회에서 우승을 차지해 엄마 아빠를 함박웃음 짓게 했다.

13살이던 2003년, 서퍼가 아니었다면 겪지 않았을 무서운 사고가 일어났다. 친구와 카우아이 바다로 서핑을 나갔다가 몸길이가 4미터가 넘는 뱀상어가 빠른 속도로 달려들어 덥석 물었고 베서니 해밀턴은 왼쪽 팔 전체를 잃고 말았다. 베서니 해밀턴은 상상도 못 한 통증을 겪게 된 것이다. 급하게 병원으로 옮겨졌지만 상태가 심각했다. 팔 부상뿐만 아니라 출혈이 너무도 심했다. 혈액의 절반가량을 잃어서 목숨이 바람 앞의 촛불처럼 위태로웠다. 가족과 친구들은 그를 잃을 것 같은 예감을 떨치기 힘들었다.

그러나 기적은 있다. 무서운 바다의 포식자에게 물린 소녀가 죽지 않고 살아났다. 해밀턴은 깨어났고 여러 차례 대수술을 견뎌 낸 후 끝내 건강을 되찾았다. 아직 어린아이였던 베서니 해밀턴은 무척 무서웠을 게 분명하다. 눈만 감으면 상어가 떠올랐을 것이다. 절대로 다시는 바다로 나가지 않겠다고 소리쳤어도 겁쟁이라고 조롱할 사람은 세상에 단 하나도 없었다.

그런데 베서니 해밀턴은 전력 질주하듯이 빠르게 회복했고 이전보다 더 큰 성취를 이뤘다. 놀랍게도 소녀는 사고 한 달 만에 다시 서프보드에 올라서 한쪽 팔 없이 균형을 잡고 회전력을 일으키는 방법을 터득하기 시작했다.

해밀턴은 세상 사람들에게 영감을 주었다. 상어에 물려 치명상을 입고도 다시 일어난 소녀의 의지와 생명력이 세상 사람들을 감화시켰다. 베서니 해밀턴은 책을 내고 TV 방송에 출연하느라 바빴지만 본업인 서핑에서도 성공을 거뒀다. 2005년에는 전미 서핑 대회에서 우승하고 2007년에는 프로 서핑 선수가 되었다.

베서니 해밀턴은 여러 깨달음을 세상 사람들과 나누었다. 첫 번째로 쉬운 삶을 원하지 말라고 이렇게 조언했다.

"사람은 일이 쉬울 때는 성장하지 않는다. 도전에 직면할 때
야 성장한다."

어려운 일을 겪지 않으면 인간은 성장할 수 없다. 넘어지지
않고는 걸음마를 배울 수 없다. 도전과 좌절을 기쁘게 받아들
이는 태도가 성숙한 정신의 표식이며 꿈을 이룬 많은 이들의
공통점이다.

상어에게 물린 경험 속에서 베서니 해밀턴에게 용기에 대한
철학도 생겼다.

"용기는 두려워하지 않는다는 뜻이 아니다. 두려움이 당신을
멈추지 못하게 하는 게 용기다."

두려움이 없어야 용기가 있는 게 아니다. 두려움에 짓눌리
지 않으면 그게 바로 용기다. 예컨대 직장 상사의 분노 앞에서
도 마음이 찌그러지지 않으면 그게 빛나는 용기인 것이다.

그런데 아무리 용기가 넘쳐도 직장인은 스트레스가 득실거
리는 회사로 되돌아가기 싫다. 베서니 해밀턴도 상어가 도사리
는 바다로 돌아가기 무척 힘들었을 것이다. 어떻게 다시 바다
로 갔을까. 베서니 해밀턴은 상어 공포를 이겨 낸 비결 두 가지
를 꼽았다. 그것은 열정과 자신에 대한 믿음이다.

"서핑에 대한 나의 열정은 상어에 대한 공포보다 더 컸다."

열정이 공포를 이긴다. 열정의 뿌리는 사랑이다. 사랑하는 것이 있으면 공포를 이겨 낸다. 자기 일을 사랑하는 사람은 출근이 무섭지 않다. 열정과 사랑이 크면 무섭지 않다. 뒤집어 말해, 공포가 크다면 그것은 뜨겁게 사랑할 것을 아직 못 찾았다는 의미다. 두려우면 두려움을 밀어낼 생각 대신 열정의 대상을 찾는 게 낫다.

베서니 해밀턴이 상어 공포를 이겨 낸 두 번째로 비법은 자기 믿음 덕분이었다.

"나는 지금껏 두 가지의 두려움을 극복해야 했다. 첫 번째는 없어진 내 팔이다. 왼쪽 팔 없이 나의 미래를 어떻게 마주해야 하나 두려웠다. 두 번째는 상어가 항상 바다에 있다는 두려움이었다. 하지만 두려움 대신 자기 능력에 집중하면 놀라운 일을 해 낼 수 있다고 나는 믿는다."

그의 말은 무서울 때는 두려운 상대가 아니라 자기 능력에 주목하라는 메시지를 준다. 누구에게나 무서운 대상이 있다. 실패, 비난, 질병, 쇠락, 이별 등 여러 고통을 살면서 마주하게 된다. 그러면 어떻게 살아야 할까? 무서운 것들이 가까이 왔는지 매 순간 살피면서 전전긍긍해야 할까? 아니다. 두려움보다는 나의 능력에 집중해야 한다.

가령 실패가 걱정될 때는 내가 쌓아 올린 지식과 경험에 주목해야 한다. 이별을 걱정하는 대신 나의 진심과 노력에 이어질 긍정적 결과를 기대하는 편이 낫다.

무서운 상대가 아니라 나의 능력에 집중하면 베서니 해밀턴처럼 두려움을 이길 수 있다. 그렇지 않고 상대의 위력에 주목하면 두려움에 짓눌리게 된다. 상어 같은 외부의 무서운 것들은 잊어라. 대신 내 속에 있는 능력을 신뢰하라. 그것이 나를 겁쟁이가 되지 않게 만들 것이다.

그런데 베서니 해밀턴은 훨씬 수준 높고 흔치 않은 통찰도 얻었다. 그는 목표를 향해 투쟁하지 말라고 조언한다.

"서프보드에서 떨어지는 건 피할 수 없다. 물에 빠진 후 반사적인 반응은 물 밖으로 나가려고 투쟁하는 것이다. 하지만 투쟁과 싸움은 산소를 더 빨리 잃게 만든다. 나는 얕은 물에 떨어졌을 때 긴장하지 않는 연습을 한다. 그러면 물속 깊이 떨어져도 자연스럽게 고요함을 유지할 수 있다."

물에 빠지면 누구나 빨리 물 밖으로 나가고 싶다. 하지만 투쟁하듯이 허우적거리면 산소를 더 빨리 잃어서 사고 가능성이 커진다. 그 대신 마음을 고요히 유지하고 서두르지 않아야 안전할 수 있다.

우리 삶에도 적용할 만한 성찰이다. 살려고 버둥거리다 오히려 빨리 죽는다. 불이 났다고 무작정 뛰어나가면 불타서 쓰러지는 기둥에 깔릴 수도 있다. 위협적 상황에 천천히 반응해야 생존할 수 있다. 급한 마음은 생존의 기회를 빼앗고 평정심은 우리를 살린다. 이것이 목숨을 잃을 뻔했던 베서니 해밀턴이 얻은 통찰이다.

그런데 상어에 물리는 것처럼 심각한 경험을 하지 않고도 비슷한 교훈을 배운 어린이가 또 있다. 유명 배우인 레오나르도 디카프리오Leonardo DiCaprio다. 그는 초등학생 때부터 배우를 꿈꿨다. 그의 부모는 가난했지만 아들의 꿈을 이뤄 주고 싶어 헌신을 다했다. 부모는 레오나르도 디카프리오를 데리고 오디션이란 오디션은 다 찾아다녔지만 백번 넘게 낙방했다.

어린 레오나르도 디카프리오도 거듭되는 실패가 괴로웠고 절망감을 느꼈다. 이제 꿈을 포기해야 할지 모른다는 두려워하던 중 이런 경험을 했다. 12살 때의 일이었다.

"나 자신에게 이렇게 말했다. '나는 이 일에 의존하지 않는다. 이 직업이 나를 정의하지 않을 것이다.' 그렇게 말하고는 나를 어필하려는 노력을 줄이고 배역 준비와 캐릭터 연구에 더 집중했다."

배역을 따내겠다는 강한 의지를 접었더니 뜻밖의 일이 일어났다. 그제야 배역을 많이 얻게 된 것이다. 삶의 아이러니다. 기회를 쟁취하겠다는 강한 의지를 접은 순간 기회가 찾아온 것이다. 그가 배역을 따낼 수 있었던 이유는 자신이 할 수 있는 일에 집중했기 때문이다. 베서니 해밀턴의 지혜와 닮았다. 급하게 행동하기보다 차분히 행동했을 때 목표를 이루는 경우도 있다. 목표를 간절히 원하지 않을 때 목표가 이루어지는 역설을 베서니 해밀턴과 레오나르도 디카프리오는 모두 경험했다.

물론 강한 의지가 보답받는 사례도 아주 많다. 집중하고 분투하는 삶도 성취를 이루어 내는 게 분명한 사실이다. 난독증을 극복한 배우 톰 크루즈와 노숙인에서 하버드 대학생이 된 리즈 머리가 이 경우에 속한다. 그러나 때로는 놓아야 가질 수 있다. 근육을 이완시키고 마음을 평온하게 할 때 우리는 갖고 싶은 걸 갖게 된다. 만약 갖지 못하더라도 괜찮아질 수 있다. 그것이 목표 성취의 역설이다.

상처를 통해 사랑을 회복하라

안젤리나 졸리

안젤리나 졸리는 암흑세계에서 자라난 천사다. 어두운 일탈의 길을 걸은 후에 가장 밝고 선한 사람이 되었다. 변신의 폭이 몹시 커서 사람이 달라져도 이렇게 달라질 수 있을까 싶은 정도다. 지금의 모습만 보면 안젤리나 졸리는 거의 완전한 사람이다.

먼저 그는 누구나 부러워할 만큼 큰 직업적 성공을 거뒀다. 출연료를 가장 많이 받는 여배우였으며 아카데미와 골든 글로브처럼 값진 상도 여러 번 받은 이력이 있다.

안젤리나 졸리는 배우로 성공하고 부를 얻었을 뿐만 아니라 난민, 어린이, 동물을 위해 여러 활동을 해 전 세계적으로 존경을 받고 있다. 직접 난민 캠프를 방문하기도 하고 멸종 위기종 동물을 위해 숲을 사기도 했다. 또 에티오피아, 이라크, 아프가니스탄 등에 어린이를 위한 병원과 학교를 설립하는 등 어린이들의 권리를 위해 큰 힘을 쏟았다. 즉 자기 행복뿐만 아니라 모든 사람과 동물의 행복을 절실히 바랐다. 그의 책《Know Your Rights and Claim Them》(Zest Books, 2021)에서 그 마음을 느낄 수 있다.

"여러분이 누구건, 어디에 살건, 인종, 민족, 종교, 성별이 무엇이건, 가난하건 부자이건 여러분의 삶은 어떤 어른 그리고 세상 어떤 어린이나 청소년과 동등합니다. 누구도 여러분에게 해를 끼칠 권리가 없습니다. 당신에게 말하지 못하게 하거나 생각을 강요하거나 중요하지 않게 여기거나 사회에 참여하지 못하게 막을 권리가 그 누구에게도 없습니다."

안젤리나 졸리에게는 자신과 가족의 행복만 말고도 고통받는 세상 모든 사람, 동물의 행복도 절실한 꿈이다.

안젤리나 졸리는 완전한 사람처럼 보인다. 사랑과 정의감이 넘치며 용기와 신념으로 가득 찬 사람이다. 그러나 원래 그렇게 바른 사람은 아니었다. 10대와 20대 시절 안젤리나 졸리는 일탈과 방황을 일삼는 아이였다. 그때는 지금과 다르게 어둡고 파괴적인 사람이었다.

14살 안젤리나 졸리는 남자 친구와 이른 동거를 했으며 깊은 교감을 하고 싶다는 이유로 서로의 몸에 상처를 내기도 했다. 안젤리나 졸리의 자해 습성은 일회적이지 않고 반복되었다. 자해가 해방감을 줬다고 한다.

"나는 칼을 수집했고 그런 물건들을 항상 주변에 뒀다. 왜 그런지 모르겠지만 나 자신을 칼로 벴을 때 살아 있음을 느끼고 속박에서 풀려나는 느낌이었다."
"나는 실험적이고 대담하고 약간 미친 아이처럼 굴었다. … 나는 완전히 자기 파괴적이었다."

20대의 안젤리나 졸리는 안정되기는커녕 더욱 위태로웠고 자기 파괴적이었다. 약물 중독, 섭식 장애, 우울증을 겪었고 두 번이나 자살 시도를 했다. 젊은 시절 그의 삶은 혼란과 고통, 무의미의 소용돌이였다.

안젤리나 졸리는 위험하고 자기 파괴적이며 무시무시한 청춘을 보냈지만 지금은 다른 사람이 되었다. 난민과 동물과 어린이 등 약한 존재들을 위해 헌신하고 정의, 평등, 박애의 가치를 스스로 실천하기 시작했다. 극적인 변화다. 안젤리나 졸리는 자기 파괴적인 삶을 사는 대신 세계 보호에 나섰다. 변화의 원인은 무엇일까.

안젤리나 졸리 스스로 언급한 두 가지 이유를 꼽을 수 있다. 하나는 책임감이고 다른 하나는 완전감이다. 먼저 양육자로서의 책임감이 안젤리나 졸리를 변화시켰다. 그는 자신을 이렇게 분석했다.

"(입양한 첫 아이) 매덕스에게 전념하면서 나는 더 이상 자기 파괴적일 수 없다는 걸 알았다. 이제는 아이가 다섯 더 생겼다. 나는 바르게 행동해야 한다. … (자기 파괴 행동을 중지한) 그것은 엄마가 된 것과 관련이 있다. 엄마가 된다는 것은 내 인생에서 가장 큰 변화였고…. 나는 나 자신과 아이들, 반려자에 대한 책임을 받아들이는 걸 배웠다."

안젤리나 졸리는 자녀가 생긴 후 책임감이 생겼다. 자기 파괴적인 행동을 멈추고 바른 사람이 되어야 한다는 책임 의식이 생긴 것이다. 자녀가 생기자 아이를 보호하고 싶은 본능이 생겼다. 그리고 그 아이가 충분히 사랑받고 안전하게 자라기를 바라는 소망이 마음에 자라났다. 안젤리나 졸리는 점점 파괴적인 삶에서 벗어나 책임감이 강한 부모로 바뀌었다.

안젤리나 졸리가 변화한 두 번째 원인은 완전감이다. 가족 덕분에 자신이 좀 더 완전한 존재가 될 수 있었다고 말한다.

"나는 사랑을 모르는 사람들에게는 슬픔을 느낀다. 사랑은 사람을 고양시켜 준다. 남편은 나를 속속들이 안다. 나의 모든 면을 알고 있는데도 나를 온전히 사랑한다. 아이들도 나를 사랑한다. 아이들은 나의 단점과 이상함까지 모두 알지만 나를 받아 준다. 그래서 나는 나를 완전하게 느낀다."

완전하다는 건 완성되었다는 의미이고 부족함이 없다는 뜻이다. 안젤리나 졸리는 가족들이 자신을 온전히 받아 주었기 때문에 완전한 상태가 될 수 있었다. 모든 면을 수용해 주는 가족들이 있기에 그는 더 이상 자신을 괴롭히거나 파괴할 이유가 없었다.

여기서 배우고 기억할 게 있다. 안젤리나 졸리만이 아니라 그 누구에게나 나를 인정해 주는 사람이 최적의 행복 환경이다. 그만하면 충분하다고 말해 주는 친구가 고마운 이유는 나를 완전하게 살도록 만들기 때문이다. 인간은 자신의 불완전함에 고통받는 유일한 동물이다. 그래서 나의 하자까지 포용해 줄 고마운 사람이 있어야 산다. 행복하게 사는 방법은 단순하다. 나에게 완전함을 주는 친구, 연인, 반려자, 가족에게 랜선으로라도 둘러싸여 지내는 것이다. 그런 완전함의 경험이 안젤리나 졸리의 경우처럼 우리의 삶도 개선한다.

그는 가족의 힘으로 편안하고 완전한 사람이 될 수 있었지만 만족하지 않고 더 많은 사람에게 사랑을 베풀었다. 수십 개의 나라를 돌아다니며 고통받는 사람들을 마주하고 도왔다.

"전쟁과 기아, 성폭행 생존자를 만날 때마다 나는 세상 많은 사람의 삶이 어떤 것인지 비로소 알게 되었다. 그리고 먹을 음식이 있고 머리 위 지붕이 있고 살아갈 안전한 집이 있으며 가족이 무사하고 건강해서 기쁜 나는 얼마나 운이 좋은지도 알았다. 나는 안전한 곳에 피신해 있었다. 두 번 다시는 그러지 않을 거라고 나는 결심했다."

그는 사람들의 고통을 몰랐던 자신에게 분노했다. 세상 많은 사람이 전쟁, 기아, 성폭행 등 여러 고통을 겪는 동안 안전하게 숨어 있었던 자신이 밉고 창피했다. 그리고 결심한다. 세상으로 나가서 상처받은 이들과 아픔을 함께 하기로 말이다.

앞서 말했듯, 안젤리나 졸리는 어린 시절부터 상처가 많고 깊었다. 상처가 많았던 사람이기에 타인의 고통을 쉽게 느낄 수 있었다. 즉 어린 시절의 상처가 안젤리나 졸리에게 공감 능력을 선물한 것이다.

다른 예도 많다. 미국의 가수 레이디 가가Lady Gaga는 2012년 청소년의 정신 건강과 학교 폭력 퇴치를 위해 '본 디스 웨이 재단'을 세웠는데, 레이디 가가 본인의 상처가 재단 설립의 동기였다. 레이디 가가는 10대 때 학교에서 따돌림과 폭력을 당했다. 심하게는 쓰레기통에 던져진 적이 있었고 이 일은 견딜 수 없이 아픈 경험이었다.

1994년 세상을 떠난 미국인 여성 엘리자베스 글레이저Eliza-beth Glaser는 '엘리자베스 글레이저 소아 에이즈 재단'을 세웠는데 자신의 어린 딸이 수혈로 감염된 에이즈 때문에 사망한 게계기였다. 그리고 양팔이 없이 태어났지만 최초로 팔 없는 비행사가 되었으며 동기 부여 연설가와 작가로서 성공한 제시카콕스Jessica Cox도 유명하다. 1983년 태어난 이 미국인 여성은 장애인을 위해 '제시카 콕스 재단'을 만들었다. 장애인으로서 장애인이 차별과 배척을 당하고 상처받는다는 것을 뼈저리게 알고 있었다.

안젤리나 졸리가 난민도 아니었고, 기아에 시달렸던 사람도아니다. 하지만 자해, 약물 중독, 자살 충동에 시달렸던 그가상처가 무척 깊었던 건 부인하기 어렵다. 절망, 불안, 공포, 자기 혐오의 감정이 졸리의 존재에 구멍을 뚫었을 테고 큰 고통을 줬을 것이다. 그렇게 상처 깊은 사람은 고통이 큰 타인을 예민하게 찾아낼 수 있고, 그가 선한 경우 타인을 헌신적으로 도우려고 한다. 안젤리나 졸리는 두 가지 조건을 모두 갖췄다.

기쁜 결론이 나온다. 상처 많은 사람은 좋은 사람이 될 수있다.

모든 살아 있는 존재는 자기 자신이 되고자 한다.

올챙이는 개구리가,
애벌레는 나비가,
상처받은 인간은
완전한 인간이 되고자 한다.
-엘렌 바스

상처가 많으면 치유를 갈망한다. 완전해져서 더 이상 아프지 않기를 바라게 된다. 어떤 사람이 완전할까. 안젤리나 졸리는 자신이 행복하면서 타인도 행복하게 만드는 가장 이상적인 존재를 꿈꿨고 그 꿈에 가까워졌다. 당신에게는 어떤 상처가 있나? 혹시 깊은 상처인가? 그러면 다행이다. 완전한 인간이 되고 싶은 열망이 당신에게 있을 것이다.

2장

인간은 깨지기 쉽지만
가루가 되지는 않는다

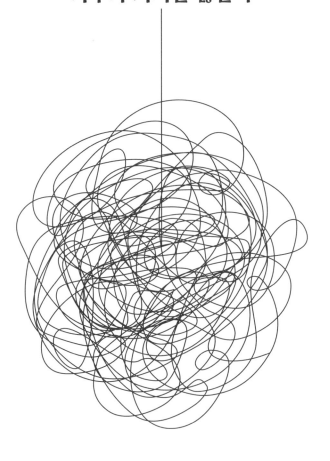

인간은 깨지기 쉽다. 놓치면 조각나는 얇은 그릇 같고 쥐면 바스러지는 나비 날개 같다. 인간이 허약한 것은 부속품의 내구성이 형편없어서다. 마음, 관계, 생명, 삶 같은 것들이 너무 잘 부서진다. 가령 브래드 피트Brad Pitt는 자기 환상이 깨지자 머리를 쥐고 괴로워했다. 키아누 리브스Keanu Reeves는 사랑하는 사람들이 속속 바스러지고 관계가 소멸하자 비통했다. 미국의 30대 여성은 불치병에 걸려 부서지기 직전의 자기 생명을 돌봐야 했고, 배우 안소니 홉킨스Anthony Hopkins는 술로 무너진 삶을 지켜 내려고 수십 년을 고생했다.

그런데 정말 이상하게도 인간은 완전히 깨지기 어렵다. 사람은 수백 번 깨지면서도 웬만하면 살아남는다. 그 비결을 알아보자. 우리가 이야기할 그 비결은 무턱대고 자기 사랑하기, 깊어지기, 자신에게 친절하기 등이다.

부족한 부분도 끌어안아라

브래드 피트

인생의 지독한 쓴맛을 본 사람이 있다. 그 유명한 브래드 피트다. 그는 세상에서 가장 떠들썩한 연애와 결혼을 했고 얼마 후 참으로 비참하게 이혼을 당했다. 가족들로부터 퇴출당한 것도 괴로웠지만 자신이 엉망진창 형편없는 인간이란 걸 깨닫고는 더더욱 괴로웠다.

고맙게도 브래드 피트는 살신성인을 했다. 자신은 이혼의 괴로움을 겪으면서 우리에게 세 가지 중요한 교훈을 무료로 전해 줬다. 첫 번째로 고난을 피할 수 있는 사람은 없다. 두 번째로 고난은 자기 정체성을 산산이 부술 수 있다. 세 번째로 그럼에도 결국 자신을 포기해서는 안 된다.

배우 브래드 피트는 자신만큼 유명한 배우 안젤리나 졸리와 2005년부터 사귀기 시작하고 2014년 정식 결혼을 했다. 그런데 2016년에 안젤리나 졸리가 난데없이 이혼 소송을 했고 결국 둘은 2019년에 이혼했다.

브래드 피트는 돌연 혼자가 되었다. 모든 가족이 등을 돌린 것이다. 아이들을 잃고 아내에게서 버림받고 사회적 비난도 감수해야 했던 50대 남성 브래드 피트는 상당한 충격을 받았다.

브래드 피트는 먼저 집을 떠났다. "처음에는 너무 슬퍼서 집에 있기 힘들었다. 산타모니카에 있는 친구의 방갈로에 가서 지냈다." 심리 치료도 받았다고 했다. "심리 치료를 시작했다. 아주 좋다. 두 명의 치료사에게 치료를 받았다."

집에도 있지 못하고 치료를 받았다니 정신적 충격이 상당히 컸을 것이다. 그러나 이건 시작일 뿐이었다. 수개월 동안 한 인간의 정신이 무너지는 고통을 겪어야 했다. 고통 속에서 브래드 피트는 세 가지 사실을 아프게 인정하게 된다. 그는 좋은 아버지가 아니었다. 좋은 남편도 아니었다. 인간으로서도 형편없었다.

"나는 실제로는 아버지가 자기 의심에 빠지고 어려움에 처한다는 건 전혀 알지 못했다. 이혼하고는 부끄러웠다. 나는 더 잘해야 했다. 아이들에게 의미 있는 존재였어야 한다. 내가 그런 모습을 보여 줬어야 하는데 나는 잘 해내지 못했다."

인간의 슬픔은 보편적이다. 보통의 아버지들이 겪는 비애가 대스타 브래드 피트의 가슴 속에도 있다. 그는 좋은 아버지가 못돼서 슬펐다. 좋은 아버지가 될 거라고 자신했는데, 그 꿈이 부서지고 말았다.

잘생겼다는 찬사를 지겹도록 들었던 브래드 피트는 로맨틱한 사랑에도 자신이 넘쳤겠지만 그 자신감 또한 산산이 부서졌다. 이혼을 당해 쫓겨나는 악몽 같은 일을 겪었으니 얼마나 비참했을까. 그는 자신이 남편으로서 자격 미달이란 것도 인정했다. "누군가를 사랑하면 자유롭게 해 줘야 한다."라는 말 뜻을 별거 후에야 알게 되었다고 자책했다. 사랑의 기본도 모르고 자신이 상대를 소유하고 통제하려 했던 것을 그는 진심으로 후회했다.

그렇게 아버지와 남편으로서 실패했다는 자평은 가혹한 자기비판으로 이어진다. 브래드 피트는 자신이 아주 형편없는 ― 발냄새 같은 ― 존재라면서 자기 비하의 끝을 보여 줬다.

> "나의 많은 약점은 나의 오만함에서 비롯되었다. … 나는 입에서 발냄새가 날 때도 많았다. 잘못된 장소, 잘못된 때에 잘못된 말을 자주 했다. 너무 자주 그랬다."

놀라운 일이다. 자기 입에서 발 냄새가 난다니. 브래드 피트는 자신을 정말 최악의 인간으로 묘사했다. 겉만 보고 그를 너무 부러워할 이유가 없다. 잘 생기고 유명하고 돈도 많지만 그는 우리가 깊이를 알 수 없을 만큼 깊은 자기혐오의 바다에 빠져 익사할뻔했던 사람이다. 브래드 피트는 자기혐오는 이렇게 한 마디로 정리할 수 있다.

"결국 알게 되었다. 나는 내가 싫어하는 것들로 이뤄졌다."

이혼 후 자신의 약점과 문제점에 대해 오랫동안 고민한 후 마침내 결론이 나왔다. 자신은 자신이 싫어하는 것들의 집합이다. 자신이 싫어하는 생각을 하고 행동과 말로 드러내는 최악의 존재다.

브래드 피트는 이혼 전에는 자기가 좋은 아버지, 좋은 남편, 좋은 사람에 가깝다고 여겼을 것이다. 그러나 그런 정체성은 와장창 깨져 버렸다.

평범한 우리도 정체성이 순식간에 무너지는 경험을 한다. 특히 연애가 끝난 후에 그렇다. 몇 가지 실수를 반성하는 걸로 시작했다가 잘못하면 근본적인 자기 회의까지 이른다. 자신이 사랑받을 자격이 없는 나쁜 인간이라는 결론을 끌어내고 괴로워하는 사람은 세상에 아주 많다. 사업에 실패하거나 직장을 잃었을 때도 그렇게 근본적인 자기 부정 혹은 자기혐오에 빠지기 쉽다.

자신이 발냄새가 나는 최악의 인간 같다면 이제 어떻게 해야 할까. 길은 두 가지다. 첫 번째는 자신을 버리는 결정이다. 추락시키든지 숨을 못 쉬게 하든지 어떻게든 자신을 폐기하려고 한다. 만일 살아 있다고 해도 은둔과 고립이라는 사회적 죽음을 맞는다.

두 번째의 선택지는 밝고 긍정적이다. 자신을 껴안는 결정이다. 부정할 수 없는 자신의 존엄성을 믿고 미래의 회복 가능성도 신뢰하면서 자신을 포용한다. 만신창이가 된 자신을 끌어안고 저 밑바닥에서 올라와 다시 시작하는 것이다. 브래드 피트는 다행히 이 선택을 했다.

"그것도 (나의 문제점들도) 나의 일부다. 부정할 수 없다. 그런데 받아들여야 한다. 껴안아야 한다. 나는 그것들을 직시하고 돌봐야 한다. 나의 문제를 부정하는 건 나의 전체를 부정하는 것과 똑같다."

나의 병든 부분까지 끌어안겠다는 것이다. 그리고 희망도 이야기한다.

"실수들이 곧 나 자신이다. 지금까지 내가 헛걸음을 했지만 이제는 깨달음, 이해, 기쁨 같은 것을 향할 것이다. 그렇다. 고통을 회피하는 것이 가장 큰 잘못이다. 그건 인생을 놓치는 것과 같다. 실수가 우리를 만들고 우리를 성장시키고 세상을 더 좋은 곳으로 만든다. 이상하게도 아이러니하게도 말이다. 실수가 우리를 향상시킨다."

브래드 피트는 엄청난 자기 복원력을 갖고 있다. 자신이 실수 덩어리라는 걸 인정하지만 쓰라린 경험을 딛고 성장하겠다는 희망을 품었다. 주눅 들었던 브래드 피트가 다시 용맹해졌다. 박수를 보낼 일이다.

모든 사람은 절대 지키고 싶은 걸 잃는 경험을 반드시 하게 된다. 참담한 좌절과 후회와 자책이 몰려올 것이다. 그럴 때 선택지는 두 가지다. 완벽히 포기하든가 아니면 다시 자신을 끌어안는 것이다. 어느 것을 선택해야 할까.

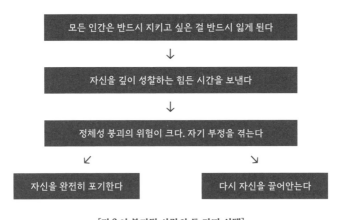

[마음이 붕괴된 사람의 두 가지 선택]

누구나 똑같은 과정을 반복하면서 인생을 산다. 고매한 철학자에서 거리의 불량 철부지까지 다르지 않다. 자기 포기와 자기 포용 중에서 어느 쪽을 선택해야 할까? 말할 것도 없이 자신을 끌어안는 게 옳다. 그게 왜 옳을까? 이유는 없다. 그냥 그래야 한다. 자기 존재와 생명에 대한 의무 같은 것이다.

누구나 자기 아이의 생명을 지킨다. 자신의 강아지나 고양이가 병든 것도 손 놓고 지켜보지 않는다. 부모나 친구가 고통받게 놔두지 않는다. 왜 그럴까. 이유가 없다. 그냥 그래야 하는 것이다. 무작정 달려들어 끌어안고 돕게 된다.

그런데 이상하다. 정작 나 자신이 위태로워지면 나는 주저한다. 당장 끌어안고 도와주질 못한다. 더러는 심지어 자기를 포기하기도 한다.

자신이 정말 싫어질 때가 있다. 자신은 자신이 싫어하는 것들로 이루어졌다는 자각 때문에 괴로운 순간이 가끔이지만 꼭 찾아온다. 그때 나를 내 아이나 고양이나 친구라고 여기면서 살려 줘야 한다. 나를 포용해야지, 자신을 포기하는 건 비겁하다. 병든 강아지를 버리는 것처럼 나쁘고 비열한 일이다. 가장 사랑하는 사람이 나를 버린 비참한 처지에서도 나는 나를 변호하고 지켜 줘야 한다. 브래드 피트는 그렇게 생존해 냈다.

상실로부터 배워라

키아누 리브스

반려동물을 기르는 가정이 많은데 어린아이와 반려동물이 함께 지내는 가정도 꽤 있다. 반려동물과 행복한 시간을 보내다가도 시간이 흐르면 아이들은 반려동물을 떠나보내는 경험을 하게 될 것이다. 상실의 충격을 아이들에게 노출해도 되는 것일지 고민하는 사람들도 분명 있을 것이다. 슬픈 상실의 경험이 사람을 성장시킨다는 의견이 많다. 작가 딘 쿤츠Dean Koontz도 《The Darkest Evening Of The Year》(Bantam Books, 2007)라는 책에서 같은 의미의 문장을 썼다.

"우리는 상실의 고통을 알아야만 한다. 만일 우리가 그걸 모른다면 타인을 연민할 수 없고 자기만 아는 괴물이 되고 자기 이익에만 빠진 존재가 될 것이다. 견딜 수 없는 상실의 고통은 교만한 우리에게 겸손을 가르치며 무심한 마음을 부드럽게 하고 더 좋은 사람이 되도록 만들어 준다."

　인생은 처음부터 끝까지 상실의 과정이다. 그리고 소중한
존재를 하나둘 잃을 수도 있고 모두를 한꺼번에 잃을 수도 있
다. 그런데 운명 같은 상실이 극심한 고통이지만 꼭 해롭기만
한 것은 아니다. 딘 쿤츠의 말대로 연민과 겸손을 가르쳐 주고
더 좋은 사람이 되도록 만들어 준다. 영화배우 키아누 리브스
를 봐도 그 사실을 알 수 있다.

　배우 키아누 리브스는 재산이 수천억 원이고 대중의 사랑
도 듬뿍 받지만 이상하게도 쓸쓸해 보인다. 활짝 웃는 모습보
다 옅은 미소를 보인다. 그는 왜 슬픈 미소를 짓고 쓸쓸해 보일
까? 키아누 리브스의 삶에서는 못 견딜 상실이 빈번했기 때문
이다.

　그가 3살 때 아버지가 이혼을 선언하고 집을 나가 버렸
다. 6살 때 새 아버지가 생겼지만 다음 해에 이혼하고 떠났다.
12살 때 두 번째 새 아버지가 나타났지만 4년 후 이혼했다. 어
머니는 얼마 후 세 번째 새아버지를 데려왔고 1994년 이혼 때
까지 부부로 지냈다.

　어린 키아누 리브스에게는 아버지가 네 명이었고 대부분 짧
은 기간동안 머물고 떠났다. 그는 어릴 때부터 부자 사이의 유
대 관계가 안정적으로 지속되기 힘들었다. 상실과 이별을 반복
했기에 그는 어릴 적부터 외로울 수밖에 없었다.

키아누 리브스는 성인이 되어서도 영원히 잊지 못할 이별들을 경험한다. 1999년에 태어난 딸이 숨을 쉬지 않았고 애인은 2년 후 교통사고로 사망했다. 게다가 영혼의 친구 리버 피닉스는 젊은 나이에 약물 과다 복용으로 사망했고 동생은 백혈병으로 오랜 기간 투병하며 죽음의 문턱을 오갔다. 그렇게 키아누 리브스에게는 상실과 이별이 평생 따라다녔다. 그가 외롭고 슬퍼 보이는 이유의 일부일 것이다.

슬픔에 젖은 듯한 그는 여느 성공한 배우와는 다르다. 겉치장부터 다르다. 그는 화려한 겉멋을 부리지 않았다. 경호원에 싸여서 시끌벅적하게 다니는 일이 없었고, 비싼 옷을 입어서 세상과 자신을 구별 지으려 하지도 않았다. 고급 자동차 대신 지하철을 타고 다니던 그는 다른 시민에게 자리를 양보하는 모습이 목격되기도 했다. 그는 소탈하고 따뜻한 사람이었다.

키아누 리브스는 기쁘게 나눠 주는 사람이다. 매트릭스 촬영 때는 자신의 개런티 중 일부를 떼서 영화 제작진에게 나눠 줬다. 또 스턴트맨들에게 할리 데이비슨 오토바이와 롤렉스 시계를 선물한 사례도 유명하다. 한번은 영화 제작진 중 한 사람이 그날 당장 은행 빚 2만 달러를 갚아야 한다는 말을 듣고는 그 액수만큼 송금해 줬다. 그 외에도 어린이 병원 등 단체에 지속적으로 기부를 하는 등 사람들에게 베풀곤 했다.

그의 마음은 사람을 가리지 않는다. 모든 사람에게 따뜻하다. 노숙인에게도 먼저 말을 걸고 친절하게 대했다. 비현실적이다 못해 종교적인 느낌까지 든다.

우리는 키아누 리브스에게서 세 가지 교훈을 배울 수 있다.

첫 번째로 딘 쿤츠가 이야기했듯이 상실을 겪은 사람은 앞에서 연민을 배운다. 타인이 겪는 고통을 안타까워하는 감각을 얻게 된다. 예를 들어서 반려동물을 잃은 아이도 상실로부터 배울 수 있다. 세상 사람들의 슬픔을 이해하고 가엾게 여기는 마음을 배우는 것이다.

두 번째로 상실의 허무감은 세속적의 가치를 초월하도록 이끈다. 예를 들어 보통 사람들은 노숙인과 자신이 별개의 부류라고 믿는다. 그래서 접근이나 접촉을 진저리치며 피한다. 그런데 둘은 정말 다른 존재일까. 심장과 심정이 있는 것은 물론이고 머지않아 소멸되어 흙이 될 허무한 존재라는 점에서도 똑같다. 게다가 그 흙들은 뒤섞인다. 그렇게 동질적인 존재로 여기면 아무렇지 않게 손을 뻗어 잡을 수도 있다. 몇 시간 동안 마주 보고 대화하는 것도 가능하다. 여러 종류의 경험들이 도움을 주겠지만, 상실의 허무감 역시 그렇게 세상의 자질구레한 가치들로부터 초월하게 돕는다.

세 번째로 우리는 키아누 리브스에게서 상실이 선물을 준다는 걸 배운다. 삶은 상실의 과정이지만 상실이 빼앗기만 하는 것은 아니다. 상실의 고통을 겪은 사람이 선물을 받기도 한다. 키아누 리브스처럼 타인의 상처를 이해하는 감각, 타인과 더 깊이 교감하는 능력을 선물 받는다.

꼭 사랑하는 이의 죽음 말고도 뼈아픈 상실의 종류는 많다. 꿈이 좌절될 수도 있고 연인이 등을 돌리거나 둘도 없는 친구가 차갑게 돌변할 수도 있다. 직장과 재산과 명예를 잃을 수도 있다. 그런 상실들도 우리에게 선물을 줄 수 있을까. 여러분도 짐작하겠지만 물론 그렇다.

가령 자유롭게 세상의 아름다운 곳들을 여행하겠다던 꿈이 무너졌다고 하자. 파산, 육아, 부상 등으로 여행이 불가능한 상태이다. 그런 상실은 우리를 깨닫게 만들 수도 있다. 이 세상의 아름다운 곳곳을 돌아다니는 것보다, 나의 생활 공간의 아름다움을 찾아내는 창의적 시각이 더 값지다고 말이다. 그렇게 깨달았다면 꿈의 상실이 준 선물이다.

연인이 떠나가는 상실은 또 어떤가. 평생 외롭게 지내야 할 수도 있지만, 새 사람을 만나 욕심과 기대치를 전보다 낮춰서 다정하게 지낸다면 상실은 탁월한 사랑의 카운슬러이다. 알다시피 직장이나 명예나 돈을 잃었어도 편안함을 찾은 사람도 많다. 그런 상실은 철학을 하게 돕기 때문에 선물이다.

우리는 뭐든 잃는 것을 싫어한다. 그런데 뭐든 다 잃게 되어 있다. 잃지 않으려고 발버둥치기보다 잃어도 괜찮고 그 경험이 선물처럼 값진 가르침을 줄 것이라 기대했을 때 현실적이고 평안한 사람이 될 수 있다.

오늘의 행복을 누려라

크리스 카

우리는 영원히 산다고 생각한다. 생명이 영영 꺼지지 않을 거라는 환상에 사로잡혀 있다. 그 착각을 깨 주는 것이 있다. 바로 질병이다. 심각한 질병은 인생을 바꿔 놓는다. 우리의 생명은 언제든지 깨질 수 있다. 삶의 연약함을 확신하는 순간 괴로움도 크지만 우리에게 좋은 일이 되기도 한다.

예를 들어 무엇보다 행복을 미루는 습관을 버리게 된다. 보통 사람은 행복과 기쁨을 가능한한 미루면서 산다. 고단한 직장인도, 좌절한 청년도, 깊은 병에 걸린 사람도 모두 내일의 행복을 기대하면서 오늘을 포기한다.

미국의 작가이며 강연자이고 방송인인 크리스 카Kris Carr도 예전에는 그랬다. 그런데 이제 그의 생각은 정반대로 바뀌었다. "내일은 잊어라. 내일의 행복을 믿지 않아야 행복하다." 그는 질병을 겪고 나서 이 신념을 가지고 살고 있다.

1971년생 크리스 카는 미국 뉴욕에 사는 만성 암 환자다. 2003년 32살 때 희귀암 유상피 혈관내피종 4기 진단을 받았다. 치료가 불가능했다. 암과 함께 살아가는 운명을 받아들이고 암을 다독이면서 지금까지도 건강을 유지하고 있다.

크리스 카는 암 환자로서 화려한 경력을 쌓았다. 〈뉴욕타임스〉 베스트셀러 목록에 두 권의 책을 올렸으니 작가로서 성공한 셈이다. 오프라 윈프리가 각 분야의 혁신가 100명을 선발해 '슈퍼소울 100'이라 칭했는데, 크리스 카는 그 중 한 명이었다. 지금 그는 강연과 방송 활동과 식품 사업으로 분주하다.

처음 암 진단을 받았을 때 이런 날이 오리라 기대할 수 없었다. 언제든 병세가 악화되어 치명적인 상황에 빠질 수 있었다. 그게 당장 한두 시간 후거나 내일일 수도 있다. 생명이 비누 거품처럼 언제든 터져 사라질 수 있다.

이런 경우 사람은 두 가지 중 하나를 택한다. 불안 속에서 고통받으며 시간을 보내거나, 아니면 불안을 깨뜨리는 것이다. 크리스 카는 후자의 길을 갔다. 그는 병이 낫기를 하염없이 기다리지 않기로 한다. 대신 자신에게 말했다.

"나쁜 일과 빌어먹을 일들이 끝나기를 기다릴 필요가 없다. 지금 바꾸고 지금 사랑하고 지금 살아가라."

지금 당장 바뀌고 사랑하고 행복해지라고 크리스 카는 외친다. 예를 들어 이성 친구가 생길 때까지 기다리는 대신 좋은 사람을 찾아 나설 필요가 있다. 또는 인간관계가 깨끗하게 정리될 때까지 기다리지 않고 스스로 정리해 나가야 한다. 즉 원하는 모습이 있다면 그 모습을 향해 행동을 바꿔야 한다. 배우자에게 친절하게 대해야겠다고 결심해도 그 마음을 미루는 사람이 많다. 좋은 친구가 되고 싶으면서도 다음 기회를 기다리는 사람도 적지 않다. 크리스 카는 "지금 당장 바꾸라."고 외쳤다. 많은 시간이 남아 있지 않을 수 있으니 빠르게 스스로를 바꿔야 한다.

크리스 카는 지금 당장 사랑하고 행복하게 지내라고 주문한다. 상대가 부족하더라도 당장 사랑해 주는 것이다. 내 삶에 불만이 있어도 지금 이 순간부터 무조건 행복하게 사는 것이다. 시간이 많지 않다. 중·고등학교 6년과 대학교 4년은 금방 지나간다. 30대의 10년은 눈 깜짝할 사이에 사라지고 그 이후에도 시간이 더 빨리 흐른다. 우리는 너나없이 금방 죽는다. 서둘러 바뀌고 사랑하고 행복해져야 하는 이유는 우리 모두가 하루살이 목숨이기 때문이다.

암 진단과 치료를 받은 후에 크리스 카는 깨달았다.

"우리는 모두 죽는다. 암 환자가 더 빨리 아는 것일 뿐이다."

암에 걸리지 않은 사람들은 암 환자를 불쌍히 여긴다. 자신은 다행이다 싶을 것이다. 그런데 그래봐야 기껏 10년, 20년만 더 오래 살 뿐이다. 짧은 시간이다. 그러니 암 덩어리가 없어도 시급히 행복해져야 하는 것이다. 인생은 결국 죽는 병이다. 잘해 봐야 20년 차이일 뿐이고, 죽을 때 돌아보면 20년 정도는 숨 한 번 쉬면 지나가는 짧은 시간이다.

행복의 비법도 크리스 카가 알려 준다. 오늘 행복하기 위해서는 자기를 수용해야 한다. 즉 지금 이 순간 자기 모습을 받아들이는 것이다.

"지금 이 순간 있는 그대로 자신을 받아들이면 우리는 내일
위한 삶에서 오늘을 만끽하는 삶으로 전환하게 된다."

가령 뱃살이 좀 붙은 내 몸을 미워하거나 창피해 하지 말아야 한다. 살 빼고 난 뒤에 내 몸을 사랑하기로 결심하는 건 영원히 사랑하지 않겠다는 마음이다. 취업 시험에 아직 합격하지 못한 자신에 대해 수치심을 느끼는 것도 안 된다. 자신을 있는 그대로 받아들이고 변호한다. 그것이 오늘 당장 행복해지는 유일한 방법이다.

그렇게 이야기를 해도 자신을 사랑하지 못하는 사람이 있다. 그들을 위해 크리스 카는 아주 구체적인 팁도 소개했다.

"다섯 살 당신의 모습을 그려 보자. 어린 시절의 사진을 하나 꺼내서 거울에 붙여도 좋다. 그 아이를 어떻게 대하게 될까? 어떻게 사랑하고, 어떤 걸 먹이게 될까? 자신이 엄마라면 사진 속 자신을 어떻게 키울까. 분명하다. 그 아이를 맹렬히 보호하고 어떻게든 작은 날개를 펼 공간을 마련해 줄 것이다. 아이는 낮잠을 자고 건강한 음식을 먹고 상상의 시간을 갖고 자연으로 모험을 떠날 것이다. 놀이터에서 괴롭힘을 당해 마음이 상하면 당신은 아이를 안아서 눈물을 닦아 주고 아이 입장에서 바라봐 줄 것이다. … 똑같은 사랑을 오늘부터 당신 자신에게 베풀어야만 한다."

아기가 엄마에게 그렇듯이 당신은 당신에게 가장 소중한 존재다. 어린 아기를 돌보는 것처럼 자신을 보살피고 사랑하면, 자기 사랑은 금방 이루어진다고 크리스 카가 강조했다. 질병은 육체를 연약하게 만들지만 정신적 성숙을 이끄는 경험이 된다. 크리스 카도 질병 덕분에 이 순간의 나를 사랑하게 되었다.

철학자 니체Friedrich Nietzsche의 체험담도 흥미롭다. 오랜 병고에 시달리던 니체 본인에 따르면 질병이 삶을 음미하게 만든다고 말했다.

"지금 이토록 오래 지속되고 있는 질병은 내 안에 존재하는 삶을 재발견하게 해 주었다. 다른 사람들은 그렇게 쉽게 하지 못했지만 나는 온갖 좋고 미세한 것을 모두 음미했다."

병에 걸리는 건 완전히 나쁜 일만은 아닐 것이다. 질병이 우리에게 삶을 작고 미세한 것까지 음미하게 가르쳐 주기 때문이다. 그러니 가끔 병에 걸려도 감사하는 게 현명하다.

적지 않은 사람들은 암 같은 중병에 걸리지 않을까 매일 걱정하며 산다. 만약 몸이 아프다고 상상해 보자. 하루를 환자로 살아 보는 거다. 환자로 자신을 가정하는 순간 새로운 하루가 열린다. 동료와 친구의 얼굴이 밝고 아름다워 보인다. 밥과 커피와 공기가 그렇게 맛있을 수 없다. 짜증스러운 일에도 무한히 너그러워진다. 무엇보다 살아 있는 게 감사하게 느껴질 것이다.

자신에게 친절하라

안소니 홉킨스

영화 〈양들의 침묵〉에서 무시무시한 살인마 역할을 했던 배우 안소니 홉킨스가 2022년 12월 인스타그램에 자축 메시지를 올렸다. 금주한 지 47년이 되어 기쁘다는 내용이었다.

> "오늘로 금주 47년이 된 것을 자축하고 싶어요. 나는 알코올 중독에서 회복되고 있습니다."

암도 5년을 무사히 지나면 완치에 가깝다고 여긴다. 술을 마시지 않고 47년을 보냈으면 알코올 중독 증상이 깨끗이 나았다고 해야 하지 않을까? 그런데 그게 아닌 모양이다. 안소니 홉킨스의 알코올 중독과의 싸움은 아직 끝나지 않았다. 달리 말해서 그는 아직도 술의 유혹을 느끼고 있다. 동시에 두려워한다. 다시 술에 빠져 망가질까 봐 무서운 것이다.

이렇게 술을 겁낼 만한 아주 충격적인 경험이 있었다. 애리조나에 있는 한 호텔이었다. 프런트에서 온 전화가 안소니 홉킨스를 깨웠다. 정신을 차린 안소니 홉킨스는 오싹 무서워졌다. 자신이 어떻게 낯선 곳에 왔는지 전혀 기억이 나지 않았기 때문이다. 술을 마신 것만 기억났다.

안소니 홉킨스는 자신이 심각한 재앙을 향해 가고 있다고 느꼈다. 술을 마시다 곧 죽게 될 거라는 생각이 들었다. 혼란과 공포에 빠진 그의 머리속에서 이런 질문이 환청처럼 들렸다.

"나는 살기를 원하나 아니면 죽기를 원하나?"

안소니 홉킨스는 살기를 원한다고 스스로 답하고 그날부터 술을 끊었다. 하지만 47년 동안 알코올 중독 치료 중이라고 말했던 데서 알 수 있듯이 그는 자주 술의 유혹을 느꼈다. 매일매일 음주 유혹과 싸우다시피 했을 것이다.

어떻게 버텼을까. 보통 목표를 생각하면서 의지를 강화한다. 목표 달성이 왜 필요한지, 목표 달성한 후 자신에게 어떤 일이 생길지 생각하는 과정이 의지를 강화한다. 반대로 목표에 이르지 못하면 어면 손실이 생길지 생각하면 할수록 의지는 강해진다. 대부분의 중독자가 그런 의지 강화법으로 중독과 싸우곤 한다.

그런데 안소니 홉킨스에게는 그만의 비결도 있었다. 바로 자기 친절과 자기 긍지다. 자신을 따뜻하게 대하며 아끼고 칭찬하면서 그는 음주 유혹을 이겨 왔다. 앞서 말한 인스타그램 포스트에는 이런 구절도 있었다.

> "(나처럼 알코올 문제로) 고생하는 분들이 있다는 걸 잘 압니다. … 당신 자신에게 친절하세요. 당신의 삶을 자랑스럽게 생각하세요."

노배우는 자기 친절과 자기 긍지를 해결책으로 제안했다. 그러니까 알코올 중독처럼 깊은 고통의 늪에서 빠져나오려면, 자신에게 친절하고 자신을 자랑스러워 하라는 조언이다.

가령 술을 일주일 참은 후에는 이렇게 말하면 된다. "술을 일주일 동안이나 참았다. 아주 훌륭하다. 대단한 일을 했다." 만일 한 달 참았다가 술에 다시 입을 댔다면 "한 달 참은 게 어디냐. 스스로 자랑스러워 해도 된다."라며 자신을 다독여라. 그리고 1년 정도 지났다면 "벌써 1년이 지났다. 스스로가 자랑스러워 가슴이 벅차서 못 견디겠다."라며 더 큰 칭찬을 스스로에게 하라.

자기 친절과 자기 긍지는 웬만한 고통을 다 무찌를 수 있다. 음주의 유혹만이 아니다. 인생의 크고 작은 실패에서 오는 아픔뿐 아니라 죽고 싶은 마음도 치유할 수 있다.

그 반대면 어떨까. 자신에게 불친절하고 자신을 부끄러워한다면 말이다. 살고 싶은 의욕이 사라진다. 혹시라도 정말로 죽고 싶다면 자기 성찰을 해야 한다. 외부의 다른 원인이 아니라 나의 태도가 문제일 수 있다. 내가 나에게 불친절했던 것은 아닌지 너무 차갑게 대해서 내가 없어지기를 바라는 지경이 된 것은 아닌지 돌아보는 것이다.

인간은 약한 존재다. 작은 일에도 정신이 바스러진다. 그래서 위안 삼아 술을 마신다. 하지만 우리 모두 안다. 술은 비용뿐만 아니라 시간, 건강을 잃게 만들 수 있다. 그리고 인간관계와 사회적 평판을 망가뜨릴 수도 있다.

그리고 술의 위안 효과는 갈수록 저감된다는 것도 문제다. 술을 마셔서 제거하려는 것이 갈수록 내성을 갖는다. 화가 프리다 칼로Frida Kahlo가 그걸 오래전에 깨달았다.

"나는 슬픔을 익사시키려고 술을 마셨다. 하지만 이제 그 빌어먹을 슬픔이 수영을 배웠다."

술을 마신다고 슬픔이 죽지 않는다. 나만 죽는다. 슬픔, 두려움, 후회, 걱정 등을 익사시키는 가장 효과적인 비책은 나에게 친절해지는 것이다. 안소니 홉킨스가 이야기한 자기 친절과 자기 긍지가 술보다 우월한 위로다.

인간의 모습은 세 가지가 만든다. 유전적 요소, 사회적 영향, 개인의 선택이 나의 정신을 형성한다. 내 모습을 만드는 선택 중에서 중요한 것은 이것이다. 내가 괴로울 때마다 "나에게 친절할 것인가, 불친절할 것인가?", "나를 자랑스러워할 것인가? 수치스러워할 것인가?" 등의 질문을 하면, 나비 날개처럼 보드라운 나를 보호할 수 있다.

군이 말하자면 정답은 정해져 있다. 자신을 수치스럽게 여기는 사람은 자기애가 지나치게 비대하다. 자신에게 불친절해도 된다고 믿는 이는 심각하게 반성해야 한다. 자신에게 친절하고 싶다면, 미국 텍사스 대학의 심리학 교수이자 유명 작가인 크리스틴 네프Kristin Neff의 주문을 따라 하는 것이 좋다.

"내가 싫어하는 걸 나에게서 발견했을 때마다 그리고 내 삶에서 무엇인가 잘못될 때마다 나는 조용히 이런 말을 되뇌인다. '지금은 고통의 시간이다. 고통은 삶의 일부다. 이 순간 나 자신에게 친절해야 한다.'"

알코올 중독이 아니더라도 삶에는 고통이 가득하다. 그 고통을 달래는 여러 방법 중 효과 높은 것이 바로 자기 친절이라고 크리스틴 네프는 강조했다. 자신에게 불친절한 사람이 가장 약골이고 백치다. 나에게 친절하면 쉽게 부서지고 쓰러지는 나 자신을 따뜻하게 보살펴 줄 수 있다.

불행에서 의미를 찾아라

샤를리즈 테론

생각만 해도 기절할 것 같고 토할 것 같은 기억이 평생 한두 번은 생긴다. 가령 어렸을 때 처음으로 화내며 큰소리쳤던 엄마의 모습은 무의식에 공포의 이미지로 저장된다. 또 크면서는 사고, 좌절, 배신, 상처의 기억이 쌓인다. 그런 악몽 같은 기억이 사람을 영영 쓰러뜨릴 수 있다.

어떻게 하면 악몽의 기억에서 벗어날 수 있을까. 여러 노력을 해야겠지만, 한 가지 효과적인 방법은 의미 찾기다. 구체적인 사건에서 추상적인 의미를 찾아내는 사람은 악몽에서 벗어나 생존할 수 있다. 배우 샤를리즈 테론Charlize Theron이 모범적인 사례다.

1991년 남아프리카 공화국 요하네스버그 인근의 한 가정집에 술에 취한 남자가 들어왔다. 남자의 손에는 권총이 있었다.

침실로 피한 15살 딸과 엄마는 문을 몸으로 막았다. 남자는 열리지 않는 문을 향해서 총을 세 번 쏘았지만 모녀는 기적처럼 다치지 않았다. 딸의 목숨까지 위태로워지자 엄마가 반격했다. 총을 꺼내 집어 들고는 문을 향해 쏜 것이다. 문밖에 있던 남자가 총에 맞아 숨을 거두면서 비명과 총성이 쩌렁쩌렁하던 집안은 돌연 고요해졌다.

남자는 낯선 침입자가 아니었다. 총을 쏜 여성의 남편이자, 무서워서 덜덜 떨던 15살 소녀의 아버지였다. 아버지의 극단적인 가정 폭력을 맞섰던 어머니는 정당방위로 인정받았다.

이 소녀가 바로 〈매드 맥스: 분노의 도로〉 등에 나온 유명한 영화배우 샤를리즈 테론이다.

그녀는 알코올 중독이고 가족들에게 폭력을 휘두르는 아버지와 함께 살았다. 그녀는 아버지의 최후의 날을 성인이 되어서도 잊지 못했을 것이다. 가슴에 딱딱한 유리 조각이 박힌 느낌이 아니었을까. 숨 쉴 때마다 아프고 잠을 이룰 수 없어 삶의 즐거움도 느끼기 힘들었을 것이다.

하지만 그는 이제 어느 정도 극복했다. 트라우마의 기억을 완전히 지우지는 못했겠지만 그때만큼 힘들지 않다. 치유의 방법은 두 가지였다. 먼저 털어놓기다. 사건 후 약 30년이 지난 2019년에 인터뷰에서 샤를리즈 테론은 이렇게 말했다.

"나는 가정 폭력에 대해서 많은 사람과 이야기를 나눈다. 그 일(부모의 총격전)에 대해서 말하는 게 부끄럽지 않다. 많이 대화할수록 혼자가 아니라는 걸 깨닫게 된다."

샤를리즈 테론에게는 털어놓기 말고도 더 근본적인 대응법이 있었다. 그것은 의미 찾기다.

"나는 그 일(부모의 총격전)이 무섭지 않다. 나는 그 어두웠던 일에 대해 공포를 느끼지 않는다. 오히려 그 일에 강한 호기심을 느낀다. 왜냐하면 그 사건은 인간 본성과 사람들에 대해 잘 설명해 주기 때문이다."

놀라운 일이다. 총격전의 끔찍한 기억에서 공포가 아니라 호기심을 느낀다고 말했다. 공포는 달아나게 하지만 호기심은 다가가는 힘이다. 샤를리즈 테론는 당시의 사건에서 달아나지 않고 다가가서 관찰하고 분석했다. 그것이 가능했던 것은 사건에서 의미를 추출했기 때문이다. 샤를리즈 테론은 사건에서 인간 본성의 문제를 배웠다고 말했다. 맞는 말이다. 한발만 물러서서 생각해 보면 그날의 총격 사건은 인간 본성에 대한 의미 깊은 다큐멘터리였다.

한 사람은 딸을 지키기 위해 본능적으로 총을 들었고 다른 사람은 알코올에 무너져 가족들을 공격했다. 그날 그 집에서는 두 종류의 인간 정신이 충돌했다. 자신의 딸을 구하려는 사랑이 맞부딪혀 하나의 정신을 깨트렸다. 샤를리즈 테론은 인간이 얼만큼 선하고 악할 수 있는지 직접 보고 깨달았을 것이다.

샤를리즈 테론도 무척 괴로웠을 것이다. 아버지는 자신을 죽이려 했고, 어머니는 그런 아버지를 공격할 수 밖에 없었다. 샤를리즈 테론은 지옥에 떨어졌던 것이다.

그렇게 고통스러운 사건을 대하는 인간의 두 가지 반응법이 있다. 하나는 구체적 기억만 추출한다. 어머니의 고통스러운 얼굴, 비명과 총소리가 구체적 기억의 파편들이다. 그것에 집중하면 감정적 반응만 남는다. 공포와 분노에 몸을 떨게 된다. 반면 사건에서 추상적인 의미를 추출할 수도 있다. 그날의 총격전이 인간의 본성을 알려 줬고 사랑의 힘을 깨닫게 했다. 그렇게 이성적인 태도를 가지면 공포와 아픔이 확연히 줄어든다.

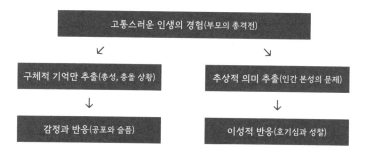

[고통스러운 사건에서 나타나는 두 가지 반응]

아픈 사건에서 의미를 찾는 것은 수준 높은 고통 대응법인데, 쉽지 않은 이 일을 미국 대통령 버락 오바마Barack Obama도 해냈다. 그는 미국인 백인 어머니와 케냐인 흑인 아버지 사이에서 태어나 미국 하와이에서 자랐다. 어머니는 이혼을 하여 인도네시아 남성과 결혼해서 미국을 떠나게 된다. 어린 오바마는 어머니를 따라 인도네시아로 갔지만 다시 미국으로 돌아오게 된다. 한 곳에서는 흑백이 섞인 미국인으로, 다른 곳에서는 인도네시아에서 온 아이로 취급받았다. 혼란스러웠을 것이다. 아픔도 있었을 것이다. 하지만 이렇게 의연하게 회고했다.

"나는 인도네이시아 아이로 그리고 하와이 아이로 길러졌어요. 또 흑인 아이 또는 백인 아이로 길러지기도 했죠. 그 덕분에 나는 문화의 다양성을 배울 수 있었습니다."

어린 나이에서 낯선 환경과 새로운 친구에게 적응해야 하는 건 쉽지 않다. 인종 편견도 있었을 것이다. 보통 사람 같으면 "어린 나이에 여기저기 이주하면서 박대, 차별 그리고 슬픔을 많이 겪었어요."라고 말하며 상대의 동정을 기대할 것이다. 그런데 버락 오바마는 마음의 그릇이 컸다. 오히려 더 좋은 경험이었다고 평가했다. 다양한 문화적 경험을 할 수 있어서 그 시절이 유익했다고 말했다. 그렇게 의미를 찾아냄으로써 그는 아픈 기억과 화해할 수 있었다.

예는 더 많다. 차별을 당했던 사람은 가해자를 미워하며 분노할 수 있지만 그 기억에서 의미를 찾아내면 결과는 다르다. 가령 사회 정의의 중요성과 공평한 사람에 대한 존경심을 배웠다고 생각하면 차별받은 경험이 나에게 주는 상처가 줄어든다.

사랑하는 사람이 세상을 떠났다고 생각해 보자. 고통스러운 경험이다. 하지만 생명과 관계가 유한하다는 진리를 깨달았고 사랑을 적극적으로 표현해야 한다는 배움에 주목하면 어떨까. 고통이 줄어든다.

주식 투자에 실패한 후 땅이나 자기 머리를 치면서 후회하게 되지만 이득도 있다. 겸손을 배웠을 것이다. 공부의 필요성도 느꼈을 것이다. 또 신중함과 욕망 조절의 중요성도 알게 된다. 그렇게 의미를 찾아내면 투자 실패의 고통도 약화된다.

이번에는 문제를 풀어 보자. 철학자 쇼펜하우어Arthur Schopenhauer가 젊은 시절 어머니에게서 받은 편지의 일부인데 당신이 받았다고 가정해 보자. 어떻게 반응할 수 있을까?

"너는 견디기 힘들고 부담스럽고, 함께 살기 어렵다. 너의 모든 좋은 자질은 너의 오만함에 가려진다. 또한 타인의 흠을 찾는 너의 성향을 제어 못하기 때문에 그 좋은 자질이 세상에 쓸모가 없어졌다."

어머니가 나의 가치를 부정했기에 엄청난 충격이었을 것이다. 이 끔찍한 상황에서 어떤 의미를 어떻게 추출할 수 있을까. 편지 수신자가 단순하고 순진한 아이라면 슬픔과 충격에 빠져 아무런 의미를 꺼내지 못할 것이고, 그 결과로 상처가 무척 깊고 오래갈 것이다.

긍정적인 아이라면 "이제 밑바닥이므로 어머니와 나의 관계 개선을 지금부터 시작할 수 있다."라고 말할 수 있다. 그런 희망적인 해석은 고통을 줄이기 마련이다. 관조적인 아이는 이럴 것이다. "강한 호기심을 느끼게 하는 편지다. 인간의 본성에 대해서 알려 주는 글이다. 어머니와 나의 참모습을 보게 되었다." 이런 반응 후에 상처를 철학적 통찰로 승화시킬지도 모른다.

우리 모두 사는 동안 크고 작은 고통이 끊이지 않는다. 도망칠 수 없다. 외면한다고 달라질 것도 없다. 필요한 것은 투시력이다. 고통스러운 사건을 꿰뚫어 봐야 한다. 그 속에 숨어 있는 의미를 찾아내는 것이다. 그렇게 하면 우리는 부서지지 않고 다시 견고해질 수 있다.

3장

내가 정말 못 견디게 불행한가?

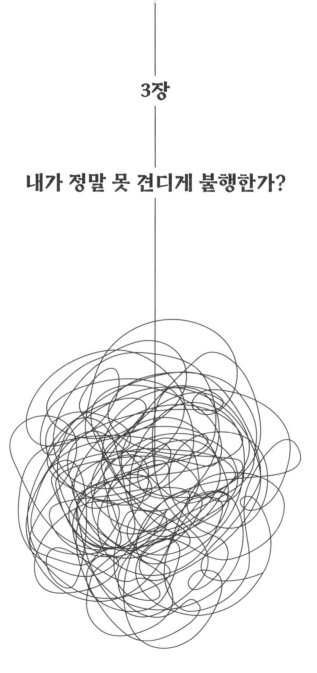

내가 견딜 수 없는 고통을 자각하는 순간, 대응법은 두 가지다. 첫 번째, 아프다고 칭얼거리는 아이를 안아 주듯이 아무런 판단이나 의심 없이 나를 포옹해 줄 수 있다.

그런데 이런 자기 포용이 소용없을 때가 있다. 내가 나를 속일 때다. 모든 불행감은 아무리 작아도 손끝에 박힌 가시처럼 간절하게 괴로운 고통을 일으키는 것은 사실이지만, 인간에게는 그 고통을 과장해서 스스로를 속일 만한 지적 능력이 있으니 경계해야 한다.

두 번째, 시각을 바꾸면 나의 불행이 가볍게 느껴질 수도 있다. 또 시야를 넓히면 나의 불행은 불행이 아니라 오히려 행운일 수 있다. 내가 불행을 과장하는 것은 아닌지 자주 질문해야 불행감이 옅어진다.

자신의 불행감에 대해 성찰한 후 기쁨을 되찾은 사람들이 있다. 남편이 갑자기 사망한 미국 기업인, 4살 때 아버지에게 구타당한 가수, 성공의 권태에 빠져든 배우, 염산 테러를 당한 모델 등이 우리를 사무치는 불행감에서 구해 낼지도 모른다.

불행할 땐 더 큰 불행을 떠올려라

셰릴 샌드버그

    인간이 겪을 수밖에 없는 고통은 여러 종류다. 우선 육체적 고통, 경제적 고통, 심리적 고통이 있다. 또 하나 고립과 갈등이 일으키는 사회적 고통이다. 그 다음은 실존적 고통이 있다. 자기 존재에 대한 의문을 해결할 수 없어 겪는 고통이다. '나는 누구인가, 나는 가치가 있는 존재인가, 나는 왜 사는가'와 같은 질문에 답하지 못하는 게 추위와 배고픔보다 더 고통스러운 철학적 사람도 있다.

    모든 사람에게 가장 아픈 마지막 고통이 있다. 재산을 다 잃는 것은 물론이고 자신이 죽는 것보다 더 격심한 고통이다. 그것은 바로 상실의 고통이다. 연인, 반려자, 자녀, 반려동물 등 잃었을 때 느끼는 고통이다. 때로 우리는 몸이 다 부서지는 고통에 시달린다.

    상실의 고통은 사람을 완전히 망가뜨릴 수도 있지만 앞서 언급된 키아누 리브스의 경우처럼 성숙의 계기도 된다. 페이스북 등 대기업에서 임원을 지낸 미국 기업가 셰릴 샌드버그Sheryl Sandberg도 극심한 상실의 고통을 겪은 후 침몰하지 않고 떠올랐다. 그러고는 자신이 현재의 불행보다 더 큰 불행을 겪을 수도 있었다는 무서운 사실 앞에 숙연해졌다.

2015년 멕시코의 휴양지 빌라에서 셰릴 샌드버그는 낮잠이에 들었고 남편 데이브는 운동을 하러 갔다. 이 평화로운 휴가 중에 누구도 예상하지 못한 비극이 찾아왔다. 트레드밀을 타던 남편이 갑자기 쓰러져 숨을 거뒀다. 피를 흘리며 고꾸라진 남편을 발견한 것은 아내 셰릴 샌드버그였다. 아빠의 죽음을 아이들에게 어떻게 설명해야 할지 고심하면서 비행기에 오른 것도 그녀였다. 그녀의 심장은 괜찮았을까. 어떤 용기가 그녀의 얼어붙은 피를 다시 돌게 했을까.

남편의 사망에 대해서 침묵하던 셰릴 샌드버그는 약 1년 후 버클리 캘리포니아 대학의 학위 수여식 연설에서 처음 공개적으로 속내를 털어놓았다. 사람은 가슴이 찢어질 때까지는 자기 속에 무엇이 있는지 모른다. 갑작스레 남편이 죽자 샌드버그는 가슴이 무너지고 미어졌지만 놀라운 용기가 바로 자신 속에 있음을 알게 됐다.

"남편의 죽음으로 나는 매우 깊은 변화를 겪었습니다. 슬픔의 깊이와 상실감의 잔인함을 알게 되었어요. 또 다른 것도 배웠습니다. 인생이 나를 바닥으로 끌어내려도, 바닥을 차고 올라와 수면 위에서 다시 숨 쉴 수 있다는 걸 알게 되었어요. 그리고 공허와 큰 고난 앞에서도 기쁨과 의미를 선택할 수 있다는 것도 배웠습니다."

슬픔과 상실에 짓눌려도 기쁜 삶을 선택할 수 있다는 걸 셰릴 샌드버그는 깨달았다. 그런데 이런 배움은 편안하게 습득된 건 아니다. 셰릴 샌드버그는 고통의 가시밭길을 힘들게 빠져나왔다. 특히 마음속의 세 가지 P를 몰아내느라 고생이 컸다고 회고했다. 셰릴 샌드버그가 연설에서 이야기한 세 가지 P는 심리학자 마틴 셀리그만Martin Seligman의 개념으로, 개인화person-alization, 확산화pervasiveness, 영속화permanence이다. 고난을 겪은 사람들은 이 세 가지의 함정에 빠지게 된다.

개인화는 불행의 책임을 자기 개인에게 돌리는 사고 방식이다. 셰릴 센드버그도 남편의 죽음이 자기 때문이라고 생각했다. 남편의 병을 미리 알았다면 운명이 바뀌었을지 모른다. 또 쓰러진 남편을 좀 더 일찍 발견했다면 죽음을 막을 수도 있었다. 그런 희박한 가능성을 떠올리면서 자책하는 동안 셰릴 샌드버그는 한없이 괴로웠다. 자신이 미워서 견딜 수 없었다.

그런데 냉정히 생각해 보니 비합리적인 생각이었다. 남편은 부정맥으로 몇 초 만에 숨졌다. 의사도 남편의 관상동맥 질환을 미리 진단하지 못했는데, 셰릴 센드버그가 알 수 없는 노릇이었다. 또 늦게 발견한 것은 자신의 잘못이 아니라 우연 혹은 운명이었을 뿐이다. 그렇게 하나하나 따지고 보니 불행의 원인을 개인화하고 자신을 미워하는 것은 옳지 않다는 결론에 다다랐다. 사실이다. 그날의 불행은 셰릴 센드버그 일개 개인이 아니라 거대한 우연의 복잡계가 만들어 낸 것이다. 자책하는 것은 불합리해 보인다. 샌드버그도 똑같은 결론에 이르렀다.

셰릴 샌드버그에 따르면 큰 불행에 처한 사람은 확산화 경향도 보인다. 불행의 기운이 구석구석으로 확산되어 삶 전체를 물들일 거라고 가정하는 것이다. 그도 그런 걱정에 사로잡혔지만 실제 생활을 해보니 그게 아니었다. 남편이 죽음은 삶의 중요한 한 부분일 뿐이다.

셰릴 샌드버그는 남편이 사망한 뒤 10일 후 회사에 출근했지만 회의가 의미가 없다 느껴지고 머릿속이 혼란스러웠다. 그런데도 회의를 진행하자마자 집중하기 시작했다. 남편의 죽음과 동떨어진 다른 삶의 영역이 존재한다는 것을 그때 알았다. 아이들도 비슷했다. 학교생활에 다시 익숙해졌고 잠도 충분히 자기 시작했다. 친구들과도 잘 놀았다. 남편은 소중하고 중요한 존재였다. 하지만 그의 죽음이 아내의 직장 생활과 아이들의 삶 구석구석까지 확산되어 통째로 집어삼킬 거라는 가정은 틀렸던 것이다.

셰릴 샌드버그의 경험담에 기대어 돌아보면 알게 된다. 우리는 자신의 삶을 볼 때 축소 지향적이다. 자기의 삶이 작고 미약하다고 생각하는 경향이 있다. 그런데 우리의 삶은 생각보다 훨씬 방대하기 때문에 어떤 불행이 치고 들어와도 영향력이 제한적일 수밖에 없다. 앞서 언급한 세 가지 P 개념에 따르면, 불행의 완전한 확산화는 근거 없는 환각이다. 불행은 우리 삶 전체에 비하면 작디작아서 삶 전체를 물들일 수가 없다. 우리의 삶이 훨씬 강하니 안심해도 된다.

불행을 당한 사람들은 감정의 영속화를 믿지만 그것도 환상이다. 셰릴 샌드버그는 남편을 잃은 슬픔이 영원히 지속될 것 같아 두려웠다. 아이들도 슬픔에 빠져 평생을 지낼 걸 생각하니 더욱 두렵고 괴로웠다. 하지만 슬픔의 수명은 영원하지 않았다. 시간이 얼마 지나고 난 후 가족들은 다시 기쁨을 찾고 느낄 수 있게 되었다.

아마 슬픔이 아예 사라진 것은 아닐 것이다. 슬픔은 가족들 마음속에 여전히 남아 있지만, 슬픔의 격정이 서서히 가라앉아서 슬픔이 순해지고 얌전해졌다고 볼 수 있다. 그렇게 온순한 슬픔이라면 큰 고통 없이 함께 지내는 게 얼마든지 가능하다.

세 가지 P에 대한 설명은 자잘한 불행을 겪는 우리에게도 유익하다. 불행이 닥쳐서 괴롭힐 때는 아무 생각 없이 휩쓸리지 말고 정신을 바짝 차려서 세 가지 사실을 상기하는 게 좋다.

첫 번째, 불행이 자기 개인의 책임이라고 자책하는 것은 대체로 틀리다. 두 번째, 불행이 삶 전체로 퍼져서 인생을 규정하는 일은 없다. 세 번째, 슬픔과 절망 같은 끔찍한 감정은 영원히 지속되지 않는다.

그런 세 가지 P 개념이 큰 도움이 된 게 사실이지만 셰릴 샌드버그를 구한 결정적인 도움은 하나 더 있었다. 남편이 사망하고 얼마 지난 후 셰릴 샌드버그는 놀라운 경험을 했다. 극심한 상실의 고통에서 가슴 벅찬 감사를 느끼는 아이러니를 경험했다.

"남편을 잃은 덕분에 깊은 감사를 알게 된 사실은 내 인생의 가장 큰 아이러니입니다. 나는 친구들의 친절에 감사하고, 가족의 사랑에 감사하고, 내 아이의 웃음에 감사하게 되었습니다. 여러분들도 그런 감사를 찾아내기를 바랍니다."

셰릴 샌드버그는 남편이 사망한 후에 감사를 배우게 되었다. 친구와 가족과 아이의 존재를 생각하면 가슴이 벅차올랐다. 물론 처음부터 그랬던 것은 물론 아니다. 감사는커녕 괴롭기만 했다. 자신의 운명이 저주스러워 견딜 수 없었다.

감사에 눈을 뜬 계기가 생겼다. 도와준 사람 중 하나는 그의 친구이자 우리나라에서도 유명한 심리학자 애덤 그랜트Adam grant였다. 애덤 그랜트가 셰릴 샌드버그에게 이렇게 조언했다.

"더 불행한 일을 상상해 보세요."

"더 불행한 일이요? 말도 안 돼요. 남편의 죽음보다 더 나쁜 게 있을 수 있나요?"

"남편이 아이들을 태우고 운전하다가 똑같은 부정맥으로 숨졌다면 어땠을까요?"

나머지 가족이 살아 있고 건강한다는 건 신의 축복이다. 감사하지 않을 수 없다. 아마 남편도 자신이 혼자 세상을 떠난 것을 한없이 감사할 것이다. 그렇게 감사에 눈을 뜨자 셰릴 샌드버그의 슬픔과 절망은 점점 옅어졌다.

위의 대화는 오스트리아 출신의 정신과 의사인 빅터 프랭클Viktor Frankl이 쓴 《Man's Search for Meaning》(Beacon Press, 2006)에 소개된 상담 사례를 연상시킨다.

어느 날 한 나이 든 일반의가 빅터 프랭클을 찾아와 우울증을 도저히 고칠 수 없다고 하소연했다. 그는 그 무엇보다 사랑한 아내를 2년 전 잃은 후에 극심한 우울증에 빠졌다고 했다.

어떻게 말해 줘야 하나 고심하던 빅터 프랭클은 이런 이야기를 했다.

"선생님. 만일 당신이 먼저 죽고 아내 분만 생존해야 했다면 어떤 일이 일어났을까요?"

"……"

"아내 분에게는 끔찍했을 겁니다. 얼마나 고통스러웠겠습니까?"

"아…"

"아내 분은 그런 고통을 피했으며, 그런 고통을 피하게 해 준 사람은 바로 당신입니다. 그 대가로 당신은 홀로 살아남아 아내 분을 애도하고 있는 거고요."

상담을 온 의사는 아무런 말 없이 악수를 한 후 고요히 나갔다고 한다. 그 의사는 깨달았던 것 같다. 사랑하는 아내가 아니라 자신이 이 큰 고통을 받는 게 얼마나 큰 다행인지 깨달았으니 마음이 고요해질 수 있었던 것이다. 그 의사로서는 자신이 살아 있는 게 오히려 다행이라고 생각했을 법하다. 셰릴 샌드버그의 남편도 운전 중이 아니라 운동 중에 홀로 세상을 떠난 걸 감사할 것 같다. 불행은 방파제다. 우리가 겪는 불행이 더 큰 불행을 막아 줬을지도 모른다.

삶을 이루는 것들을 사랑하라

케이티 파이퍼

영국 여성 케이티 파이퍼Katie Piper는 모델이자 TV 방송 진행자였다. 성실하게 꿈을 이뤄 나가던 그에게 2008년 악몽 같은 일이 벌어진다. 원한을 품은 남자 친구가 일을 꾸미며서 황산 테러를 가했던 것이다.

케이티 파이퍼의 부상은 심각했다. 얼굴과 상체에 황산을 뒤집어썼고 입술과 입으로 삼키기도 했다. 얼굴과 목 아랫부분은 화상으로 심하게 손상되었고 한쪽 눈의 시력도 상실되었다. 12시간의 혼수상태에 빠져들었던 케이티 파이퍼는 말 그대로 죽음 가까이까지 갔었다. 그는 이 경험을 이렇게 회고했다.

"나는 2008년 3월 너무나 폭력적인 공격을 당했다. 황산이 내 얼굴에 뿌려져 중상을 입었고 시력을 잃었으며 목, 가슴, 얼굴, 손에 두꺼운 화상 자국이 남게 되었다."

케이티 파이퍼의 얼굴은 화상 자국으로 가득했다. 일과 사회생활을 예전처럼 지속하기 어려웠으며 무엇보다 화상을 입은 자기 모습을 보는 것을 힘들어 했다.

절망적인 케이티 파이퍼는 삶을 포기해야겠다고 결심한 적도 있었다. 차라리 죽을 수 있기를 바랐다. 간절히 기도도 했다. 삶이 빨리 끝나게 해달라고 신에게 빌고 빌었다. 그는 일그러진 자신과 영원히 헤어지기를 원했다. 그 모습으로는 웃음, 희망, 기쁨을 두 번 다시 누릴 수 없다고 생각했다. 하지만 사람은 자신의 미래를 모른다. 케이티 파이퍼는 절망을 이겨 내고 회복했다.

사실은 회복 이상이다. 공포와 절망을 넘으니 케이티 파이퍼는 다른 사람이 됐다. 그는 세상 사람들에게 삶의 고통을 이겨 내는 영감과 용기를 주었다. 세 권의 책을 썼으며 TV 다큐멘터리의 주인공이 되었다. 다시 모델 일을 시작했으며 화상피해자를 돕는 재단까지 세웠다. 2015년에는 사랑하는 사람을 만나 결혼도 했고 사랑하는 아이도 생겼다.

"나는 나에게 일어난 일보다 훨씬 크다. 나는 엄마이며 여성 사업가다. 나는 사람들이 역경을 극복하게 돕는 재단을 운영하고 있다. 무엇보다 중요한 사실은 내가 행복하다는 것이다."

케이티 파이퍼가 고통을 이겨 내는 과정에서 배운 것이 있다. 먼저 한탄보다는 해결을 우선으로 둬야 한다고 말한다.

"이 일이 왜 일어났는지 묻는 대신 어떡하면 회복할 수 있을
지를 물어야 한다."

그의 주장은 타당하다. 많은 사람은 자신에게 왜 이런 일이 생겼는지만 생각하며 한탄한다. 하지만 그것보다 어떻게 해결할 수 있는지 고민해야 고통에서 벗어날 수 있다.

케이티 파이퍼가 극한의 고통에서 배운 두 번째 가치는 긍정성이다.

"더 이상 전진이 불가능할 것 같고 가장 밑바닥까지 추락했
다고 느낄 때에도 언제나 탈출구가 있다."
"내가 다다른 결론이 있다. 사람은 자신의 행복에 책임이 있
고 인생의 행복은 생각의 질에 달려 있다. 나는 긍정적인 생
각을 전적으로 신뢰한다."

누구나 자주 출구 없는 터널에 갇힌 기분을 느낄 수 있다. 돈이 부족해도 그렇다. 인간관계가 어려울 때도 그런 기분이 든다. 그런데 난데없이 황산을 뒤집어쓰면 어떨까. 터널이 아

니라 지옥 맨 밑바닥의 감옥에 갇힌 기분일 것이다. 탈출할 수 없다고 판단해 체념을 택하는 게 자연스러울지 모른다. 그러나 케이티 파이퍼는 자신이 경험해 보니 그게 아니라고 말한다. 그도 처음에는 체념했다. 숨이 빨리 끊어지기를 바라기도 했다. 하지만 지옥에도 비상 탈출구가 있으며, 지옥을 빠져 나와 다시 행복해지는 길도 있었다. 다시 행복해지는 방법 중 하나는 긍정적 생각이다.

이를테면 "괜찮다. 나는 아직 살아 있고 빠져 나올 길이 있다."라고 스스로 말해 주는 것이다. 그럴 때 새로운 친구를 사귀고 연인을 만나고 새로운 사업을 할 기회가 열린다. 길이 없다고 생각하면 그 기회들은 여지없이 닫혀 버린다. 절망은 언젠가 끝난다. 황산 테러를 당해서 얼굴 피부가 훼손되고 시력을 잃고 경력도 다 잃게 되었던 여성을 떠올리자. 작은 실패를 몇 번 거듭했다고 해서 좌절할 자격이 우리에게는 없다.

이제 세 번째가 남았다. 삶과 죽음의 경계까지 갔던 그는 내 주변에 있는 사람들을 사랑해야 한다고 말한다. 그의 가장 인상적인 문장은 이렇다.

"삶에 비극이 일어날 때까지 기다리지 마라. 누군가를 잃을 때까지 기다리지 마라. 너무 늦을 때까지 기다리지 마라. 지금 내 삶 속에 있는 아름다운 사람들에게 감사해야 한다."

케이티 파이퍼가 말하는 아름다운 사람들은 이들이다. 자신이 죽게 해달라고 기도할 때 옆에서 자장가를 불러 주던 엘리스. 자신이 좋아하던 음악을 아이팟에 넣어 준 수지. 컵케익을 떠먹여 주고 충고도 해 준 리타. 몇 달 동안 매주 꽃다발을 보내 준 케이. 좋아하던 직장을 그만두고 매일 딸의 옆을 지켜 준 엄마. 딸을 아기처럼 안고 방으로 옮기고는 TV를 보며 피부 마사지를 해 준 아빠. 그들이 케이티 파이퍼의 아름다운 사람들이다. 그는 지금 당장 그들 앞으로 가서 감사하고 사랑해야 한다고 말한다.

당장 감사하고 사랑해도 시간이 부족하니 현재 내 삶 속에 있는 아름다운 사람들을 하나하나 떠올려 보고 지금 당장 감사하고 사랑하라고 호소한다.

그런데 여기서 한발 더 나아가는 질문을 해 볼 수 있다. 어떻게 해야 지금 당장 사람들을 사랑할 수 있을까. 환상을 하나 만들면 된다. 미국 작가 아나이스 닌Anaïs Nin이 딱 맞는 답을 일기에 적어 놓았다.

"삶을 충만하게 만드는 비결은 내일 다른 사람들과 내가 없을지도 모른다는 생각하면서 생활하고 관계를 맺는 것이다. 그것은 꾸물거리는 악습과 미루는 잘못을 없애 준다. 의사소통의 실패와 친교의 실패도 막아 준다. 사람들이 사라질 거라고 상상해 보니 나는 모든 만남, 모임, 소개에 더더욱 세심해졌다. 그것은 내 옆에서 숨 쉬는 사람과 깊이 교감하게 만드는 환상이다."

삶의 소멸을 상상해야 삶이 충만해진다는 뜻이다. 사랑하는 사람도 나도 소멸을 향해 가고 있기 때문에 감사하고 사랑해야 한다.

사랑스러운 연인은 오늘 사라지고 내일은 조금 늙어서 나타날 것이다. 사랑스러운 아이는 몇 달 후면 변태를 해서 항거를 즐기는 악동이 된다. 성장 속도가 빠른 강아지를 키워 보면 더 분명하게 느낀다. 아침에 눈을 뜨면 어제의 그 강아지는 없고 좀 더 큰 강아지가 그 자리에 있다. 모든 존재는 모두 매일 소멸해서 매일 다른 존재가 된다. 그러니 내일 사라질 오늘의 존재를 사랑해 줘야 한다. 하루라도 젊은 연인을 아끼고 내일보다 더 귀여운 오늘의 아기와 강아지를 감사히 껴안는 거다. 시간과 기회가 무시무시하게 빨리 줄어들고 있다.

나의 불행을 객관화하라

브래드 피트, 스티븐 호킹

내가 누구보다 격심한 고통에 빠졌다는 확신이 종종 찾아온다. 그럴 때 처방 중 하나는 더 큰 고통에 시달리는 사람 앞에서 자기 고통의 크기를 객관화하는 것이다. 고통에서 벗어나는 가장 겸손한 길이다.

아주 비슷한 경험을 했던 두 사람 이야기를 해 보자. 본인들은 전혀 몰랐을 테지만 배우 브래드 피트와 물리학자 스티븐 호킹은 극심한 삶의 고통을 같은 방식으로 견뎌 낸 적이 있다. 더 큰 고통 앞에서 느낀 겸손이 그들을 구원했다.

먼저 브래드 피트 이야기다. 그가 겪은 정신적 괴로움은 특이하다. 꿈을 이뤘는 데도 괴로웠기 때문이다. 이루어진 꿈이 악몽이 되는 역설은 작가 오스카 와일드Oscar Wilde의 문장을 읽으면 이해할 수 있다.

"인생에는 단 두 가지의 비극이 있는데, 하나는 원하는 것을
얻지 못하는 비극이고 다른 하나는 그것을 얻는 비극이다."

원하는 걸 얻지 못하는 삶은 비극이다. 허기지고 괴롭다. 그
건 누구나 안다. 그런데 원하는 걸 이루어도 비극이 찾아올까.
물론 우리도 경험하는 사실이다. 성취 후에는 권태가 찾아올
수 있다. 가령 사랑하는 가족과의 일상에서도 권태를 느낄 수
있고 원하던 직장에 취업했지만 회사에서의 일과가 지루할 수
도 있다. 권태는 달디단 케이크를 매일 듬뿍 떠먹는 지루한 고
통이다. 삶의 단계에 맞게 새로운 기대와 의미를 만들어 내지
못하면 권태는 심각하게 사람을 괴롭힌다. 젊은 브래드 피트도
그랬다.

"1990년대 말 나는 정말 지겨웠어요. 유명해지는 게 싫어서
도망쳤어요. 마리화나를 자주 피웠고 소파에 앉아 바보가
되어 갔어요. 나는 나 자신이 정말로 짜증스러웠습니다. '도
대체 왜 이러는 거야? 이보다는 더 나아야 하잖아?'라고 자
신에게 말하게 되더군요. 나는 그때 우울증이었어요. … 나
자신을 마비시켜 잠들게 하려고 나는 매일 밤 똑같은 짓을
했어요."

1990년대는 브래드 피트의 눈부신 전성기였다. 〈흐르는 강

물처럼〉, 〈가을의 전설〉 등 그의 대표작이 세상 사람들의 마음을 다 흔들어 놓았다. 그는 대성공했고 엄청난 부도 쌓았다. 하지만 브래드 피트는 지루해졌고 우울해졌다.

결국 지루함을 견디기 위해 매일 밤 마리화나를 피웠다. 정신을 마비시키지 않고는 쉴 수 없었던 것이다. 지극히 자기 파괴적이다. 성공의 권태가 그렇게 만들었다.

갑부의 자녀들이 마약에 찌들어 자신을 학대하는 걸 종종 본다. 부족할 게 하나 없는 그들은 왜 그러는 걸까. 부족한 게 하나도 없어서다. 태어나자마자 모든 걸 이룬 자들은 권태의 비극을 겪는다. 대중이 선망하는 다수의 금수저는 지루하고 우울하다. 그래서 위험한 행동으로 자신을 자극하며 버틴다.

권태, 자기 실망, 우울, 정신적 마비를 겪은 브래드 피트는 어떻게 되었을까. 한 경험으로 권태에서 벗어날 수 있었다. 모로코 카사블랑카에서 고통받는 이들을 가까이에서 본 뒤 그는 각성했다.

"(카사블랑카에서) 이전에는 전혀 본 적 없는 가난을 보았습니다. … 그런 환경에서 사람들은 생존해 내야 했어요. 어린이들은 여러 기형에 시달렸습니다. 겪지 않아도 될 형벌을 받고 있었던 겁니다. 그 생각이 내 머리를 떠나지 않더군요. … 나는 그만둬 버렸어요. 마리화나를 끊었고 소파에서 일어나기로 결심했습니다."

가난하고 병들고 기형이 된 몸으로 생존 투쟁을 벌이는 사람들을 목격하고나서 브래드 피트는 달라졌다. 마리화나와 무기력에 찌든 자신을 폐기하기로 결심한 것이다. 카사블랑카의 가난한 사람들과 아이들이 겪는 가혹한 고통 앞에서 자신의 고통은 사소할 뿐이라는 걸 절감했을 것이다. 그래서 감히 투정이나 엄살을 부리지 않겠다고 반성한 후 마리화나 냄새로 찌든 쇼파에서 일어났다.

인생이 견딜 수 없이 괴롭다면 객관화가 완화의 한 방편이다. 나의 고통이 정말 못 견디게 큰 것인지, 막대한 고통과 비교하면서 엄밀히 평가할 수 있다. 그 후 나의 당면한 고통을 폐기할 것인지 아니면 뛰어들어서 더 깊이 괴로워할 것인지 결정하면 된다.

타인의 고통 앞에서 겸손해지는 경험을 한 다른 사람이 있다. 바로 영국의 물리학자 스티븐 호킹이다. 그는 20대 초반에 루게릭병 진단을 받았고 수년 내에 죽게 될 것이라는 선고도 들었다.

그날 젊은 스티븐 호킹은 루게릭병 진단 후에 병상에 누워 고통스러워하고 있었다. 그런데 괴로움을 어느 순간에 잊었다. 맞은편 침대에 있던 소년 때문이다. 소년은 백혈병을 앓고 있

었다. 그 소년의 병에 비하면 자신의 병은 아무것도 아니라고
생각했다.

"불치병에 걸렸다는 걸 알고는 나는 충격에 빠졌다. 어떻게
　이런 일이 나에게 일어난 걸까? 왜 내가 이렇게 세상에서
　떨어져야 하는가? 그런데 병원에 있는 동안 어느 소년이 맞
　은편 침대에서 백혈병으로 죽어 가는 것을 봤다. 그건 아름
　다운 광경이 아니었다. 나보다 더 나쁜 처지인 사람들이 있
　는 게 분명했다. 적어도 내 병은 아프지는 않았다. 나 자신
　에게 연민을 느끼려고 할 때마다 나는 그 소년을 떠올린다."

　수년 안에 죽을 거라는 진단을 받으면 100살 노인이라도 견
디기 어렵다. 억울해서 가슴을 치고 무서워서 벌벌 떨게 된다.
당연히 시야는 좁아져서 자기의 불행만 보인다. 그런데 스티븐
호킹은 우연히 한 소년을 봤다. 소년은 백혈병에 걸려 속절없
이 어린 나이에 죽어 가고 있었다.
　호킹은 정신이 번쩍 들었다. 자신의 고통이 허상은 아니지
만 절대적인 고통은 아니었다. 소년의 고통은 거대한 산 같았
다. 소년은 태어난 지 얼마 되지 않아 심한 통증을 겪으며 생을
마감해야 했다. 그에 비하면 호킹은 자신의 고통은 작다고 생
각했다. 자신이 곧 죽더라도 소년보다는 더 오래 사는 것이다.
투정과 엄살을 부릴 일이 아니다. 그런 깨달음은 겸손으로 이

어졌고 겸손한 마음은 기원으로 이어졌을 것이다. 맞은 편 소년에게 깊은 연민과 존경을 느꼈을 게 분명하다.

사람은 남의 불행은 줌아웃하고 자기 불행은 줌인한다. 자기 속에 갇혀서 자기 고통을 절대화하는 게 일반적 습성이다. 그러면 더 막막하다. 그보다는 자기 고통을 객관화하려는 노력이 우리를 구해 줄 수 있다. 객관화의 방법 중 하나가 비교다. 거대한 고통 앞에 나의 고통을 놓아 보는 것이다. 그러면 내가 어떡해야 할지 곧 알게 된다.

이제 여러분에게 자신의 불행 수준을 세계적 규모에서 상대 평가할 기회를 주려고 한다. 먼저 질문에 답을 해 보자. 당신은 당신의 삶에 만족하는가? 최저는 1점이고 최고는 7점이다. 전혀 만족하지 않으면 1점이고 완벽히 만족하면 7점을 주면 된다. 소수점도 가능하다. 당신의 삶은 몇 점이라고 보는가? 7점이나 5.8점인가? 아니면 3점 이하인가? 오른쪽 표의 점수와 비교해 보자.

우리 모두 고통받으며 살고 있지만 우리의 불행은 압도적이지 않다. 대체로 백혈병 소년보다는 월등히 안락하다. 기형과 가난에 시달리는 아이들에 비하면 천국에 산다.

물론 주관적으로는 큰 고통을 겪고 있다고 생각할 수 있지만 비할 수 없이 큰 고통을 감내하는 사람들도 분명히 있다. 자

집단	삶의 만족도
〈포브스〉 선정 미국 부자들	5.8
미국 펜실베이니아의 아미쉬 (현대 문명과 단절하고 사는 종교인들)	5.8
동아프리카의 마사이 부족	5.4
47개국 대학생들	4.9
인도 콜카타 슬럼가 거주자들	4.6
인도 콜카타 성산업 종사자들	3.6
인도 콜카타 노숙인들	3.2
미국 캘리포니아 노숙인들	2.9

[미국 세인트루이스 대학의 철학 교수 댄 헤이브론 Dan Haybron 의 저서
《Happiness: A Very Short Introduction》(Oxford University Press 2013))에서 소개된
집단별 삶의 만족도]

기 연민에만 빠져 있기보다 다른 사람들을 둘러보아라. 압도적
고통을 견디는 경이로운 이들 앞에서 숙연해진다. 그렇게 겸손
해지면 불행을 이길 용기가 생긴다.

어두운 기억에서 희망을 찾아라

크리스티나 아길레라

유년기에 당한 육체적 폭력은 무서운 기억으로 남는다. 그 기억은 수십 년 후에도 생생히 되살아나서 더욱 끔찍하다. 가령 70대 노인도 가정 폭력의 기억을 떠올리면 5살 아이로 되돌아가서 몸을 떨게 된다. 나이 들어 모욕당한 기억, 버림받은 기억, 실패한 기억 등은 점점 흐려지지만 유년기 폭력의 아픔은 평생 바로 어제 일처럼 생생하다.

그런 끈덕진 고통에 맞서 발버둥 치다가 해방된 사람이 있다. 그가 택한 방법은 감사다. 상처를 입은 걸 오히려 다행으로 여김으로써 상처의 기억에서 벗어난 것이다. 이야기의 주인공은 미국 가수 크리스티나 아길레라Christina Aguilera이다. 그는 어린 시절 아버지에게 정서적·육체적 학대를 받았다고 고백하며 팬들을 놀라게 했다.

"나는 힘든 일들을 아주 많이 봤어요. 밀어붙이고 싸우고 다투는 일이요. 자라는 동안 나는 안전한 느낌을 받지 못했습니다. 무력감은 세상에서 최악의 감정이에요."

크리스티나 아길레라의 어머니는 딸이 당한 폭력의 한 사례를 이야기했다.

"4살 때 얼굴에서 피가 흐르는 걸 봤어요. 너무 놀라서 무슨 일이냐고 물으니 '아빠가 낮잠을 자려 했는데 내가 시끄럽게 했어요'라고 답하더군요."

시끄럽다고 4살 딸을 피 흘리게 만든 사람이 아버지였다. 아버지의 폭력은 반복되었고 결국 어머니가 딸을 데리고 달아나면서 결혼 생활은 10년 만에 끝났다. 폭력적인 아버지에게서 피신했다고 저절로 고통의 기억에서도 벗어났던 것은 아니다. 크리스티나 아길레라는 어떻게든 상처를 치유할 방법을 찾아야 했는데, 음악이 뛰어난 치료제였다.

"나는 노래를 탈출구로 활용했어요. 집에서 겪은 아픔이 나의 음악 사랑의 원천입니다."

그는 노래하는 동안에는 괴롭지 않았다. 편안하고 행복했다. 음악이 학대당한 크리스티나 아길레라의 영혼을 심폐 소생시켰다. 아무리 상처가 깊어도 치유의 길은 있다. 내 삶을 죽지 않게 해 줄 그것은 무엇일까. 아길레라가 찾아낸 것은 음악이었다.

하지만 아무리 치료 약을 찾아서 바른다고 해도 과거 기억의 통증이 말끔하게 사라질 것 같지는 않다. 나쁜 아버지가 밉고 그런 사람에게서 태어난 운명도 싫을 것 같다. 그러나 나의 예상은 틀렸다. 크리스티나 아길레라는 믿을 수 없는 태도를 보였다. 어린 시절의 경험을 오히려 감사하게 생각했다.

"나는 어린 시절을 더 아프게 여길 수도 있지만 도리어 그 경험에 감사합니다. 사람들이 자기 목소리를 찾도록 힘과 용기를 주는 게 나의 더 큰 목표라는 걸 알게 되었어요."

아버지에게 학대 당한 그 경험으로 자신의 목표를 알게 되었다. 그 목표는 사람들이 자기 목소리를 찾는 것이다. 말하자면 자기 아픔을 숨기지 않고 말하고, 자기가 무엇을 원하는지 목소리를 높이도록 사람들을 돕겠다는 뜻이다.

그는 학대받은 기억에서 삶의 목표를 얻었다. 그러니까 멀리서 보면 학대의 경험이 행운도 주었다. 어두운 기억 속에서 빛을 찾아낸 아길레라는 어린 시절의 고통에서 벗어나서 밝아졌다.

비슷한 또 다른 사례는 '엑스맨 시리즈'의 찰스 자비에 교수로 출연한 영국 배우 패트릭 스튜어트Patrick Stewart이다. 그는 영국 여왕으로부터 기사 작위를 받은 존경 받는 배우이다. 그런데 어린 시절 큰 상처가 있었다. 아버지의 폭력 때문이다. 패트릭 스튜어트가 7살 때 2차 대전 전쟁터에서 아버지가 집으로 돌아온 후 인생은 지옥이 되었다. 아버지는 감정과 두 주먹을 조절하지 못했다. 어머니에게 주먹을 휘둘렀다.

"아이였을 때는 나는 아버지가 어머니에게 반복적으로 폭력을 쓰는 것을 보았습니다. 공포와 비참함은 너무나 커서 나는 성공만 한다면 아버지를 죽이겠다는 생각도 했었어요. 만일 어머니가 그런 시도를 한다면 아버지를 잡아 누르겠다고 생각했죠."

그 상처는 어떻게 됐을까. 어른이 되어서도 떠나지 않았다.

"그런 경험은 파괴적이었어요. 나는 성인이 되어서도 아버지 행동이 남긴 나쁜 교훈, 즉 남성의 무책임성의 해로운 사례를 극복하느라고 애썼습니다. 그런데 그 경험의 가장 숨막히는 것은 바로 외로움이었습니다."

그는 자신의 아픔을 겪고 있는 이들을 위해 목소리를 내고 행동했다. 그는 기회 때마다 가정 폭력을 비판했다. 폭력의 상처가 얼마나 크게 남는지 세상 사람들에게 알리고 호소했다. 그는 1971년 웨스트 런던에 문을 연 가정 폭력 피해자 보호소인 '레퓨지Refuge'의 후원자가 되면서 직접 행동에도 나섰다. 패트릭 스튜어트는 가정 폭력을 겪었기 때문에, 가정 폭력 피해자를 보호하는 선량한 사람이 될 수 있었다. 지옥 같은 경험이 그를 더 높고 넓은 사람으로 만들었다.

가정 폭력은 아니지만 어린 시절의 지독한 가난이 오히려 축복이었다고 말하는 사람도 있다. 할리우드 배우 샤이아 라보프Shia LaBeouf는 '트랜스포머 시리즈'로 유명해졌고 큰돈도 벌었다. 그런데 그는 무척 가난한 환경에서 자랐다. 그의 부모는 '굶주리는 예술가'였고 너무나 가난했다고 말했다. 그래서 10살 때부터 돈을 벌기 위해 스탠드업 코미디를 해야 했다. 샤이아 라보프는 부모와 가난한 시절을 미워할까? 아니다. 오히려 감사하게 생각한다.

"나의 아빠와 엄마는 예술가였는데 부모님의 예술 작품을 찾는 관객은 전혀 없었어요. … 그래서 나는 가난 속에 살아야 했죠. 나는 지금에서야 그때 겪은 게 가난인 걸 알게 되었습니다. 그런데 헤밍웨이가 말한 게 있어요. 총을 맞아 보지 못했거나 황소 뿔에 찔려 보지 않는 사람은 글을 쓸 수 없어요. 그래서 나는 과거를 되돌아보면 감사하게 됩니다. 그것은 흉터 같은 것입니다. 흉터는 누구에게나 자랑스러운 것이죠."

흉터는 고통을 이겨 냈다는 증거이다. 자부심의 근거가 될 수 있다. 샤이아 라보프는 가난이 자신을 배우로 키웠다고 믿으며 감사한다. 분명 가난한 예술가 부모를 원망하지도 않을 것이다.

누구나 고통을 싫어하지만 고통 받은 후에 성장하는 것은 사실이다. 예를 들어 따돌림을 당했던 기억에서 공감 능력을 얻을 수 있다. 따돌림 받던 아이가 따돌림 당하는 사람의 아픔을 아는 아름다운 사람으로 자랄 수 있다. 상처가 많았던 사람은 심리학자나 상담가가 될 수 있다. 또 작가나 영화감독이 될 수도 있다. 상처 받은 기억이 다른 삶을 열어 줄 수도 있다.

인간을 인간답게 만드는 것은 나쁜 기억들이다. 좋은 기억만 갖고 있으면 하루 종일 웃는 표정인 인형과 크게 다르지 않다. 나쁜 기억 덕택에 우리는 목표가 생기고, 의지가 강해지며, 지혜를 키울 수 있다. 불행한 과거는 해악이면서도 감사한 일이다. 그렇게 균형 있게 생각하면, 불행을 감당할 힘을 커질 수밖에 없다.

4장

두려움을 이기는 용기는
어떻게 만들 수 있을까?

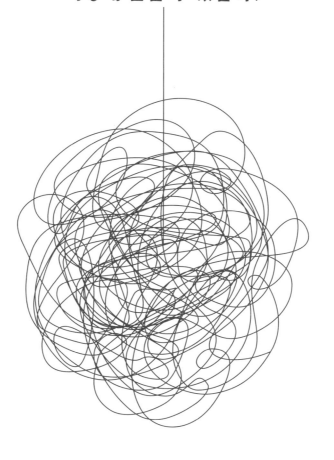

용기는 굽히지 않는 강한 마음이다. 두려움과 불확실성
속에서도 할 일을 해내는 강한 마음이 용기다. 용기가 없으면
거의 아무것도 못 한다. 우주 탐사와 세상 개혁은 말할 것 없이
두근두근 떨리는 사랑 고백도 두려움과 불확실성을 감수하는
용기 없이는 못 한다. 어디 그뿐인가, 용기가 없으면 웃음소리가
밝지 않고 신나게 뛰지도 못하고 점 하나 빼는 성형 수술도
받기 어렵다. 용기 없이 할 수 있는 건 숨 쉬는 것 빼고는 거의
없다시피 하다.

어떡해야 용기를 낼 수 있을까. 용기 넘치는 사람들의 이야기가
용기를 낼 수 있도록 도와줄 수 있다. 죽음의 공포를 견디면서
날아오른 비행사, 얼굴에 총을 맞고도 마음이 굳건했던 교육
운동가, 굶어 죽을 것 같은 두려움에 시달렸던 베스트셀러 작가,
고요한 침묵 속에서 용기를 얻는 축구 선수 등의 인생을 읽고
나면 용기를 내는 법을 배울 수 있을 것이다.

실패로부터 배워라

J. K. 롤링

실패를 두려워해서는 안 된다는 조언은 흔하다. 얼마나 지겨운 소리인가. 성공의 비법을 터득했다는 사업가와 동기부여 강사들도 저 멀리에서 그렇게 외친다.

흔한 조언에 질릴 때도 있지만 도전이 정말 두려울 때도 많다. 두려움 때문에 현실에 안주하고 싶은 사람도 많을 것이다. 하지만 두려움을 지우고 나아가야 할 때도 있다. 바로 벼랑 끝까지 내밀렸을 때다.

상황이 호전될 가능성이 없어 보이고 내가 가진 것이 없다고 하자. 거대한 실패가 나를 완전히 꺾으려고 덤벼든다. 그때 두려움을 버려야 한다. 대신 실패가 나를 성장시키는 고마운 교사라고 생각하고 버텨야 한다. 실패에 감사하면 감사할수록 최종적 실패의 가능성이 작다. 이 역설을 체험한 사람 중 하나가 J. K. 롤링J. K. Rowling이다.

'해리 포터 시리즈'를 쓴 소설가 J. K. 롤링은 자신을 완전한 실패자로 여겼던 시절이 있었다. 그를 가장 괴롭힌 것은 외로움도 아니고 실존적 고민도 아니라, 경제적 어려움이었다. 그는 엄청나게 가난했다. J. K. 롤링은 굶거나 과자 몇 개로 저녁 식사를 대신한 날이 허다했고 어린 딸을 굶길지도 모른다는 불안 속에 살았으며 심리적으로 위축되기도 했다.

게다가 남편과의 불화와 가정 폭력으로 이혼해 혼자서 생계를 유지하고 딸을 키워야 했다. 하지만 그는 직업이 없었다. 작가가 꿈이었기에 열심히 원고를 썼지만 받아 주는 출판사는 한 곳도 없었다. 가난했고 꿈도 이루지 못했던 그 시절을 회고하며 이렇게 말했다.

"어떤 기준에 따르더라도 나는 대학 졸업 후 7년 만에 굉장한 규모로 실패했다고 말하는 게 맞습니다. 짧은 결혼 생활은 무너졌고 직업이 없었으며 한 부모였고 홈리스가 되는 걸 제외하고 현대 영국에서 최대한 가난해질 수 있을 만큼 가난했습니다."

홈리스를 제외하면 가장 가난했다는 롤링은 자신을 '내가 아는 가장 큰 실패작'이라고 평했다. 그게 끝이 아니다. 심각한 우울증도 겪었다. 1994년 그녀는 자살까지 생각할 정도로 우울증 증세가 심해 정신과 치료를 받아야 했다. 당시를 '암흑의 시간'이라고 되돌아보면서 그때 자신의 마음 상태를 이렇게 표현했다.

"감정이 없었어요. 희망도 없었고요. 기분이 좋아지지 않을 것만 같았어요."

롤링은 누구나 동정하게 될 정도로 심각한 가난과 고난을 겪던 사람이다. 그런데 알다시피 머지않아 그의 삶이 근본적으로 바뀐다. 1997년 《해리 포터와 마법사의 돌Harry Potter and the Philosopher's Stone》이 출간되면서 최고의 작가 반열에 올랐다. 밥 한 끼를 걱정하던 사람이 세계적 베스트셀러 작가가 되었다. 도대체 어떻게 그런 기적이 가능했을까.

흔히 거론하는 것들이 있다. 롤링의 열정과 지구력이 성공의 비결로 꼽힌다. 가령 그는 소설의 플롯을 구성하느라 5년의 시간을 보냈으며, 첫 소설의 제1장을 15번 고쳐 썼다고 한다. 또 열 군데가 넘는 출판사로부터 출판 거절을 당했지만 포기하지 않았다는 이야기도 유명하다. 롤링의 문학적 능력에 더해서 지구력과 열정이 기적 같은 성공의 바탕이 되었다.

그런데 성공의 비법이 또 있다. 그것은 무시무시한 실패를 대하는 어마어마한 태도였다. 과거 롤링의 실패는 심각했다. 아이를 굶길까 봐 걱정했고 작가로서 데뷔할 희망도 보이지 않앉으며 우울증에 시달려서 매일 슬펐다. 이렇게 실패에 실패가 겹쳤으니 잘못하면 구멍 난 잠수함처럼 심연으로 가라앉을 수 있었다. 그러나 롤링은 침몰하지 않았다. 대신 실패한 자신을 이성적으로 차분히 분석했다. 온 정신을 한데 모아서 자신의 가슴속을 살폈다. 그러고는 찾아냈다. 실패가 준 선물이 자기 속에 들어 있는 걸 알게 되었다.

그의 자기 분석을 보면 인생의 실패가 준 고마운 선물은 세 가지로 나뉜다. 희망, 자기 신뢰, 그리고 집중력이다. 그 선물들 덕분에 롤링은 실패에 감사하게 되었고, 실패에 감사하자 실패를 압도하는 어마어마한 사람이 될 수 있었다.

첫 번째로 실패는 롤링에게 희망을 줬다.

"나는 자유로워졌어요. 가장 두려워했던 공포가 현실이 되었는데도 나는 여전히 살아 있었고 딸도 곁에 있었고 낡은 타자기와 굉장한 아이디어까지 있었기 때문입니다."

롤링에게는 상상했던 무서운 일들이 다 일어났다. 이혼에서 좌절과 극심한 가난까지 빠짐없이 모두 현실이 되었다. 이렇게 되면 정말 끝장일 거라고 상상했다. 그런데 대실패 후에도 자신은 괜찮았다. 사랑하는 딸도 함께 있었고 계속 글을 쓸 수 있었다. 이상한 일이다. 무서워했던 최악의 실패를 맞았는데도 아직 살아서 꿈을 꾸고 있다니 신기한 일이다. 이러니 이제 무서워할 이유가 없다. 희망을 가져도 된다. 결국 실패를 경험한 덕분에 희망이 절대 사라지지 않는다는 걸 알게 된다. 롤링도 그 사실이 기쁘고 고마웠다.

두 번째로 실패는 롤링에게 자기 믿음을 선물했다.

"실패는 나에게 내적인 안도감을 줬어요. 내가 몰랐던 나의 많은 모습을 실패가 가르쳐 준 것이죠. 나는 의지가 강하더 군요. 또 스스로 걱정했던 것보다 절제도 강하다는 걸 알게 되었습니다."

실패를 상상하면서 사람은 자신이 끝날 거라고 겁먹는다. 꽃잎이 강풍에 뜯겨 날리듯이 자신이 실패 속에서 너덜너덜 해 체되는 그림을 그린다. 롤링도 다르지 않았을 것이다. 하지만 실제로 시련을 겪고 나면 알게 된다. 자신이 예상 밖으로 강한 존재라는 걸 말이다.

롤링은 실패를 견디는 자신을 보면서 놀랐다. 자신은 생각보다 의지가 강한 사람이었다. 또한 자신을 제어하는 힘도 컸다. 감정을 다독거리고 태도를 바로잡는 규율이 자기 속에 있었다. 알고 보니 롤링 자신은 허약한 약골이 아니었다. 의지와 자기 절제력이 강한 믿음직한 존재였다. 그런 자기 발견이 실패가 준 놀라운 선물이다.

세 번째로 롤링의 실패는 집중력을 높여 줬다.

"실패하면 비본질적인 것을 벗겨내게 됩니다. 내가 아닌 어떤 것인 척 연기하기를 멈췄으며 중요한 하나의 일을 완성하는 데 모든 에너지를 쏟기 시작했어요."

평상시 우리는 본질과 비본질을 구분하려 하지 않는다. 중요한 것과 아닌 것을 판별하지 않는 우리의 정신은 나무늘보처럼 게으르다. 또 공상에 빠진다. 내가 굉장한 사람이거나 곧 굉장한 사람이 될 것 같은 망상에 빠져서 정신 쾌락을 누린다. 그런데 실패의 위기를 맞으면 달라진다. 목숨이 왔다 갔다 하는 순간에 무엇이 본질적이고 어떤 것이 중요한지 빠르게 판단을 내린다. 또 자신에 대한 망상에서 깨어나 정신을 차리게 된다.

내게 중요하고 본질적인 것이 무엇인지 깨달은 사람은 그것에 집중한다. 현실 속 가장 중요한 것에 에너지를 모아서 쏟는다. 실패 속에서 롤링이 경험한 변화다. 실패를 겪은 그는 절박한 마음으로 글쓰기에 더욱 집중했고 결국 베스트셀러 작가가 되었다.

롤링 자신도 깜짝 놀랐을 것이다. 실패 덕분에 희망을 확인했다. 자신을 믿게 된 것도 실패의 경험을 통해서다. 가장 중요한 일에 집중한 것도 실패의 결과다.

보통은 거대한 실패 앞에서 정신이 빠지지만 롤링은 실패 속에서 정신을 바짝 차리고 긍정적 증거를 찾아내서 다시 일어나기로 결심했다. 그렇다고 두렵지 않았을 리가 없다. 불확실성도 선명했을 것이다. 그래도 하고 싶은 일에 도전하기로 마음먹었다. 그것이 용기다. 두려움과 불확실성 속에서 하고 싶거나 해야 할 일을 해내는 강한 마음이 용기다. 그런 탁월한 용기가 롤링의 마법 같은 성공의 밑바탕을 이뤘다고 볼 수 있다.

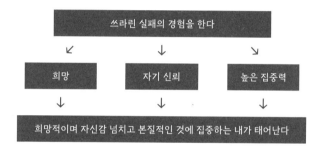

[J.K.롤링이 말하는 실패의 마법]

오해하지는 말자. 작은 실패가 무조건 경이로운 선물을 주는 것은 아니다. 예를 들어 라면을 싱겁게 끓여 타박을 들었다거나 메신저에서 실언 몇 번 하는 작은 실수가 희망, 자신감, 집중력 높이기의 계기가 되기는 어렵다. 중간 크기의 실패도 역시 그렇다. 직장에서 창피를 당했다거나 연애에 한 번 실패를 맛봤던 경험으로는 거대한 깨달음에 도달할 수 없다. 물론 중소형 실패 후에도 성장한다. 하지만 크나큰 성장과 각성을 위해서는 큰 실패가 필요하다. 우리가 성공하지 못한 이유는 아직 큰 실패가 턱없이 부족하기 때문일지도 모른다.

물론 실패를 피해야 한다. 실패하면 아프고 창피하고 내가 미워진다. 가능한 한 실패를 피하고 두려워하면서 살아야 정신 건강에도 좋고 몸도 안전하고 편안하다.

그런데 실패 없는 인생은 없다는 게 문제다. 실패를 피할 수 있는 자는 황제, 갑부, 현자를 포함해 세상에 단 하나도 없다. 실패는 삶의 조건이다. 게다가 어마어마한 크기의, 내 모든 걸 흔드는 막강한 실패도 인생에 몇 번씩 찾아온다. 사랑하는 자녀를 굶겨야 할 때, 신뢰했던 관계가 나를 잡아먹기 위한 거미집이었을 때, 평생 술을 너무 많이 마셔 남보다 일찍 죽게 할 중병에 걸렸을 때, 많은 사람의 손가락질을 받을 때, 나의 쓸모없음이 백일하에 드러났을 때 우리는 크게 실패한 것이다.

그럴 때는 J. K. 롤링 같은 사람을 떠올리자. 그리고 실패의 파괴력에 대한 두려움을 떨치자. 이 거대한 실패가 나를 죽이기는커녕 도리어 싱싱하게 되살릴 거라고 믿어 보자. 이를테면 실패가 자기 크기에 비례하는 큰 희망을 깨닫게 해 주고, 자기 신뢰를 높여 주며, 집중하게 만들 거라고 기대하는 것이다. 걱정하지 말자. 오히려 실패 덕분에 더 튼튼해져서 끝내 건재할 것이다. 밥을 굶으며 절망 속에서 자주 눈물을 흘렸을 J. K. 롤링이 그랬던 것처럼 실패는 용기만 잃지 않으면 우리에게 고마운 트레이너가 되어 준다는 걸 기억하자. 실패에게 고마워하면 실패가 우리를 망가뜨리지 못한다. 실패에 감사하는 사람이 실패보다 강해진다. 실패는 우리를 망치는 것이 아니라 돕기 위해 피어난다.

두려움은 실체가 없다

오프라 윈프리

미국의 방송인이자 기업가인 오프라 윈프리는 2023년 기준 25억 달러나 되는 재산을 갖고 있다. 오프라 윈프리는 경제력뿐 아니라 심폐 소생 능력도 탁월하다. 무명인을 유명인으로 만들고, 서점 한구석에 있던 책에 생명을 불어넣어서 베스트셀러를 만든 사례가 한두 번이 아니다. 오프라 윈프리는 경제력뿐 아니라 사회 문화적인 영향력도 막강한, 말 그대로 최고의 인플루언서이다.

지금은 전 세계적으로 큰 영향력을 미치는 사람이지만 오프라 윈프리의 출발은 그야말로 미약했다. 엄마는 미시시피 시골에 살던 가난한 10대 싱글맘이었다. 엄마가 위스콘신주의 도시 밀워키에서 직장을 구해야 해서 어린 오프라 윈프리는 할머니에게 맡겨졌다. 할머니는 손녀에게 읽기를 사랑하도록 가르쳤다. 그래서 오프라 윈프리는 3살부터 책 읽기를 배웠고 5살에 읽고 쓸 줄 알았다. 하지만 할머니가 편찮으시자 오프라는 어머니의 집과 아버지의 집을 오가며 살 수밖에 없었다. 그리고 여전히 부모님은 가난하셨기 때문에 어렵게 지내야 했다. 게다가 10살 때 사촌 오빠뿐만 아니라 삼촌, 가족의 친구들에게 성폭행을 당했다.

그렇게 가난하고 상처를 안은 채 자랐지만 오프라 윈프리는 방송인으로 성공도 하고 미국 주류 사회의 거물이 되었다. 난관이 많았을 것이다. 차별을 수천수백 번 참아 냈고 굴욕과 좌절의 경험도 이루 말하기 어렵게 많았을 것이다.

그렇게 성공을 한 오프라 윈프리에게 비밀이 밝혀지는 위기가 있었다. 오프리 윈프리는 어린 시절 방황하다 원치 않은 임신을 했었다. 겨우 아이를 낳았지만 아빠가 누구인지 알지 못했다. 게다가 아이는 2주 만에 세상을 떠나고 말았다. 이 사실이 1990년에 언론에 공개되었다. 그는 평생 감추고 싶던 비밀이 공개되어 힘든 시간을 보냈다.

오프라 윈프리는 일찍 세상을 떠난 아이가 생각나 매우 슬펐고, 힘들었던 어린 시절이 떠올라 괴로웠다. 하지만 사람들의 손가락질이 가장 두려웠다.

"(3일 동안 울며 괴로워한 후에) 월요일 아침 출근을 위해 침대에서 몸을 끌고 나왔을 때, 온몸은 두들겨 맞은 것 같았고 몹시 무서웠다. 나는 길거리 모든 사람들이 내게 손가락질을 하며 '14살에 임신했다니. 너는 나쁜 계집애다. 꺼져라'라고 외치는 걸 상상했다."

정말 무서운 상상이다. 길거리에서 모든 사람의 손가락질을 받는 건 상상만 해도 앞이 깜깜해진다. 비난의 목소리가 커지면 오프라 윈프리는 모든 것을 잃게 된다. 가난한 10대 싱글맘의 아이로 태어나 겨우 쌓아 올린 커리어와 미래의 기회를 상실할 수도 있었다. 말 그대로 몰락이다. 오프라 윈프리는 자신이 높은 절벽 끝에 몰린 기분이었을 것이다. 하지만 세상의 반응은 예상과 완전히 달랐다. 비난하는 사람이 아무도 없었던 것이다.

"아무도 비난 한 마디 하지 않았다. 처음 보는 사람이나 아는 사람이나 모두 그랬다. 충격적일 정도였다."

세상 사람들이 자신에게 비난의 총을 겨누고 방아쇠를 당길 거라고 생각했지만, 아무 일도 일어나지 않았다. 평소도 다를 게 전혀 없이 평온했다. 산산조각 날 것 같았던 자신의 평판이나 커리어에도 흠집 하나 나지 않았다.

그렇다면 지난 3일 동안 통곡하게 만든 두려움은 무엇이었나? 모든 것을 잃을 것 같은 불안은 도대체 뭐였을까? 간단하다. 환상이었다. 현실과 접점이 전혀 없는 몽상이었다. 자기가 연출·제작하고 혼자 관람한 악몽이었다.

더 기가 막힌 사실은 그는 약 20년 동안 불안에 떨었다는 것이다. 14살 때 임신·출산하고 20년 동안 오프라 윈프리는 한결같은 공포에 시달렸다. 사실이 알려지면 세상이 자신에게 침을 뱉을 거라는 생각에 벌벌 떨면서 긴 시간을 보냈다.

그렇게 자체 제작한 악몽 속에서 세월을 보낸 걸 크게 깨달은 오프라 윈프리는 해방감과 자유를 느꼈다.

> "그동안 나는 절대 일어나지 않을 반응을 예상하면서 살았던 것이다. 머지않아 나는 비밀 공개가 해방감을 준다는 걸 알게 되었다. 그리고 그제야 소녀 때 성적 학대와 손상을 받은 내 영혼의 치유를 시작할 수 있었다."

비밀이 공개되어도 아무렇지 않았다. 그걸 모르고 오프라 윈프리는 긴 세월 동안 어리석게도 무서운 환상의 노예로 살았다. 귀신을 상상하며 오들오들 떠는 어린아이와 다를 바 없었다. 스스로 생각해도 가엾고 딱했을 것이다.

오프라 윈프리 뿐만 아니라 많은 사람이 비슷하다. 작은 일만 있어도 별 근거도 없이 무서운 결말을 상상하면서 덜덜 떤다. 귀신 환상에 빠져 울먹이던 옛날의 어린아이가 사람들 속에 그대로 있다.

자신이 환상 속에 살았던 걸 깨달은 오프라 윈프리는 이런 말을 남겼다.

"우리가 두려워하는 것들은 아무 힘이 없다. 힘을 가진 것은 두려움 자체이다."

맞는 말이다. 두려운 대상보다 두려움이 문제다. 사람들의 삶에는 두려운 것이 가득하다. 가령 TV나 신문 기사를 보면서 자신이 위암이나 간암, 폐암에 걸리지 않을까 하루에도 여러 번 걱정한다. 그런데 환상일 가능성이 높다. 또 상상 못한 일이 기다리는 경우도 많다. 혹시 암에 걸렸나 전전긍긍하다가 달려오는 트럭을 못 볼 수도 있다. 암보다 더 무서운 것이 두려움이다. 암보다 두려움이 우리를 먼저 죽인다.

두려운 환상 속에서 20년 정도 떨어 본 오프리 윈프리가 권유한다. 세상에는 두려워할 게 하나도 없으니 걱정 말라고 한다. 두려워하는 마음만 진정시키면 아무 문제도 없다는 것이다. 귀신은 없다. 귀신은 무서워하는 사람에게만 나타난다. 오프라 윈프리의 단순하고도 지당한 조언이다.

그런데 가정해 봐야 할 일이 있다. 임신 출산 사실이 공개되었던 그 시점에 세상이 정말로 비난했다면 오프라 윈프리는 돌이킬 수 없는 불행에 빠졌을까? 사람들이 그를 싫어해서 윈프리가 명예와 직업을 다 잃게 되었다면, 그가 고통스러운 삶을 살게 되었을까?

평행 우주 한 쌍을 상상해 보자. 오프라 윈프리의 사생활이 폭로되는 순간 우주는 두 갈래로 분리된다. 1번 우주에서는 사람들이 혐오감을 드러내 오프라 윈프리가 망해서 고향으로 돌아간다. 2번 우주에서는 사람들이 널리 이해해 준 덕에 오프라 윈프리는 흥해서 3조 원의 재산을 모은 유명인이 된다. 여기서 1번 우주의 윈프리가 2번 우주의 윈프리가 절대 불행하다고 단정 지을 수 있을까.

나는 그렇지 않다고 생각한다. 지위나 소유가 행복을 영구적으로 결정하지 못한다. 그간 쌓은 명예와 인기를 다 잃었어도 오프라 윈프리는 얼마든지 다시 행복할 수 있었다. 가령 고향 미시시피 시골로 돌아가서 자신의 할머니가 그랬던 것처럼 아이들에게 독서를 가르치고 생각하는 방법을 깨닫게 해 준다면, 오프라 윈프리는 다시 사랑을 받고 행복해질 수 있다. 물론 3조 원을 가진 2번의 자신보다는 불편한 점이 많을 것이다. 하지만 좀 불편하다고 불행한 것은 아니다.

모든 걸 잃어도 다시 행복해진다고 생각했다면, 오프라 윈프리는 그 시절 두려움에 떨지 않았을 것이다. 우리도 그렇다. 당신은 생각보다 건강하다. 생명력이 넘치고 적응력이 높고 복원력이 크다. 물론 굳이 재산과 평판과 관계를 모두 다 내던질 이유는 전혀 없다. 지킬 수 있다면 어떻게든 지켜야 옳다. 하지만 설사 모두 잃는다고 해도, 기쁨과 행복의 가능성이 다시 활짝 열린다. 그렇게 새로운 우주의 가능성을 믿으면 우리는 월등히 용감해진다. 두려움 속에서 죽은 듯이 살지 않고 기쁨 속에서 용감하게 살 수 있다. 겁내지 마라. 이 절벽에서 밀리면 죽을 거라는 생각은 당신의 착각이다.

두려움 너머에 있는
새로운 나를 상상하라

어밀리아 에어하트

겁 없는 사람은 심장 없는 사람처럼 없다. 가장 용감한 영웅도 가슴속에서 두려움이 요동치는 걸 막지 못한다. 어밀리아 에어하트Amelia Earhart도 다르지 않았다. 역사에서 오래 남을 위대한 비행사 어밀리아 에어하트는 20세기 초반 많은 기록을 세웠다. 가장 대표적으로 1928년에는 비행기로 대서양을 건넌 최초의 여성이 되었다. 그런데 그 기록을 세울 때 대서양 상공에서 어밀리아 에어하트는 조종사가 아니라 승객이었다. 두 명의 남자 조종사가 비행기를 몰았고 에어하트는 뒤편에 앉아 있었다. 에어하트는 조종사 자격증이 있었지만 조종석은 여성에게 허락되지 않았다.

그때 에어하트에게는 조종석은 세상이 정한 한계선 너머의 공간이었다. 여성은 타고난 능력이 부족해서 위험한 비행을 할 수 없다는 편견이 한계선의 근거였다. 여성이 승객으로서 대서양을 건넜을 뿐인데도 박수를 받았던 것은 여성의 능력에 대한 사회적 기대치가 형편없이 낮았기 때문이다.

어밀리아 에어하트는 답답했다. 여성을 꼭 조르던 낮은 기대와 제한을 깨뜨리고 싶었다. 다른 방법이 없었다. 자신의 힘으로 직접 비행기를 몰아 대서양을 건너야 했다. 그래서 돈과 사람을 모으고 용기를 다듬은 후에 마침내 도전에 나섰다.

1932년 5월 20일 아침 에어하트는 600마력짜리 록히드 베가 5B를 몰고 뉴펀들랜드에서 날아올라 유럽 대륙을 향했다. 세계 언론이 주목하는 큰 도전이었다. 비행은 순조롭지 않았다. 에어하트는 검은 폭풍우 속을 뚫고 날았다. 날개와 유리가 얼어붙었다. 강풍에 흔들리는 작은 단엽기를 통제하는 건 쉽지 않았다. 숨 막히는 급강하와 급상승을 반복하는 사이 얼마든지 죽을 수 있었다. 에어하트는 폭풍을 벗어난 후에 연료가 새는 걸 알았다고 한다.

결국 에어하트는 원래 목적지인 파리 대신에 북아일랜드 런던데리 인근의 목초지에 급히 착륙했다. 그럼에도 이 도전은 성공이라 할 수 있었다. 에어하트는 단독 비행으로 약 15시간 만에 대서양을 건넜다. 당시로서는 엄청난 성취였다. 에어하트는 여성으로는 첫 번째로, 남녀 통틀어서는 두 번째로 대서양 횡단 단독 비행에 성공한 사람이자 세계적인 영웅이 되었다. 그는 여성뿐 아니라 차별받는 가난한 사람과 유색 인종과 기타 사회적 약자들의 마음을 뜨겁게 했다. 미국 국회, 프랑스 정부, 미국 대통령은 훈장과 메달로 축하했다.

그녀는 비행을 지속했고 엄청난 이력을 쌓았다.

어밀리아 에어하트의 비행 이력

최초로 대서양을 두 번 비행하다. (1932)

여성으로서 처음으로 미국 횡단 비행을 하다. (1932)

호놀룰루에서 오클랜드까지 최초로 단독 비행하다. (1935)

로스앤젤레스에서 멕시코 시티까지 최초로 논스톱 단독 비행을 하다. (1935)

오클랜드에서 호놀룰루까지 최고 비행 속도 기록을 세우다. (1937)

에어하트의 시대였다. 그녀가 하늘을 날면서 한계선을 깨뜨릴 때마다 세상 사람들이 환호하고 손뼉을 쳤다. 에어하트는 1937년 세계 일주 비행이라는 더 큰 모험에 나섰다. 앞서 세계 일주 비행에 성공한 비행사들이 있었다. 그러나 에어하트는 적도를 따라 가장 길게 지구를 도는 기록을 세우는 게 목표였다.

에어하트의 비행기는 미국 캘리포니아 오클랜드에서 출발해서 마이애미를 경유한 후 남미, 아프리카, 인도, 호주 등을 거쳐 뉴기니에 도착했다. 그리고 7월 2일 중부 태평양의 하울랜드 섬으로 향해 이륙했다. 이제 거의 여정이 끝나가는 시점이었다. 호주와 하와이 사이에 있는 하울랜드 섬에서 쉬었다가 하와이로 가 그다음 캘리포니아에 도착하면 세계 일주 목표가 달성되는 것이었다.

그러나 에어하트는 하울랜드 섬에 끝내 나타나지 않았다. 중간에 연료가 충분치 않다는 교신을 끝으로 비행기와 에어하트, 동승 항법사가 사라졌다. 대규모로 수색했지만 성과 없이 끝났다. 남편 조지 퍼트넘이 자금을 대서 추가로 수색을 재개했지만 성과는 없었고 결국 1939년 에어하트의 사망이 공식화되었다. 존경과 사랑을 한 몸에 받던 영웅 비행사가 그렇게 아무런 흔적도 없이 물거품처럼 사라지고 말았다.

그녀는 결국 마지막 도전에서 사고로 세상을 떠났지만 계속해서 도전한 용기는 여전히 존경할 만하다. 대서양 횡단과 세계 일주까지 어밀리아 에어하트는 왜 그렇게 위험한 비행에 나섰던 것일까? 첫 번째 이유는 한계를 넘고 싶어서였을 것이다. 일반적인 해설처럼 어밀리아 에어하트는 갖은 한계를 자기 몸으로 넘는 사람이었다. 인류의 기존 비행 기록을 넘고, 여성을 가둔 한계선도 넘어서, 가능성의 영역을 넓히려는 의지가 에어하트의 심장 깊은 곳에 있었다. 그러니 위험한 비행 도전에 나섰던 건 에어하트에게는 당연한 선택이었을 것이다.

두 번째 이유도 추정할 수 있다. 탐미 욕구 때문이다. 에어하트는 아름다움을 좇은 사람이기도 했다. 그에게 비행은 너무나 아름다워서 뿌리칠 수 없는 유혹이었다.

"별들이 만질 수 있을 것처럼 가까이 있었다. 별을 그렇게 많
이 본 적이 없다. 나는 비행의 유혹은 아름다움의 유혹이라
고 믿었는데 그날 밤처럼 확실한 날은 없었다."
"더 많이 보고 느낄수록 더 많은 일을 할 수 있고 가족 등 사
랑하는 이들에 대한 감사가 진실해진다."

하늘에 오르면 땅 위의 풍경도 아름답다. 가령 나무 한 그루
도 하늘에서 봐야 진정한 아름다움을 알 수 있다.

에어하트는 비행을 통해 별과 나무와 자연의 아름다움을 봤
다. 그리고 자신의 사랑이 진실하다는 것을 느꼈다. 이런 아름
다운 체험을 했기 때문에 비행을 도저히 멈출 수가 없었을 것
이다.
에어하트가 비행의 위험을 감수한 세 번째 이유는 자유의
의지다. 그는 자신이 자신의 삶을 결정하는 자유를 누리고 싶
어 했다. 최후의 비행 전날 남편에게 보낸 편지에는 이런 문장
이 있다.

"꼭 알아주세요. 나도 위험하다는 걸 알지만 나는 그 일을 하
고 싶기 때문에 그 일을 하고 싶어요."

에어하트는 "나는 그 일을 하고 싶기 때문에 그 일을 하고 싶어요.I want to do it because I want to do it."라고 말했다. "내가 커피 마시고 싶기 때문에 커피 마시고 싶다."와 다르지 않다. 그는 왜 이런 문장을 썼을까?

상상력이 답을 알려 준다. 생략되었을 절을 끼워 놓고 보면 조금도 이상하지 않고 오히려 극적인 문장이 된다.

나는 – 누가 시켜서가 아니라 – 내가 그 일을 하고 싶기 때문에 그 일을 하고 싶다.
나는 – 사회·문화적 압력 때문이 아니라 – 내가 그 일을 하고 싶기 때문에 그 일을 하고 싶다.

에어하트는 외부의 요구나 압력 때문이라면 비행 기록 도전에 나서지 않았을 것이다. 사회가 부여하는 의무였어도 기피했을 게 분명하다. 다른 누구 혹은 무엇이 아니라 바로 자신이 원했기 때문에 인간의 한계를 돌파하려고 나섰다. 그는 스스로 선택하는 인간이며, 자유로운 개체이고, 자기 운명의 주인이었다. 그가 '하고 싶어서 한다'는 표현을 사용한 예는 더 있다.

"나는 비행 지식의 발전이 과학 자료의 발전이라고 주장하지 않는다. 나는 다만 내가 원하니까 할 뿐이다."
"여자는 의무를 행하는 게 아니라 경험을 통해 하고 싶은 걸 찾아야 한다고 나는 믿는다."

에어하트는 자유롭게 선택하는 인간이 되고 싶었다. 자기가 할 일과 갈 길을 스스로 선택한 사람이다. 부럽고 멋있다. 세상이 시키는 대로 군말 없이 살아가는 나 같은 사람의 눈에는 위대해 보였다.

그런데 어밀리아 에어하트는 비현실적인 위인이 아니다. 우리처럼 평범한 사람이다. 특히 그가 용맹하고 두려움이 없는 사람일 거라는 판단은 큰 착각이다. 그는 두려움을 모르는 게 아니라 참고 견뎠을 뿐이다. 어밀리아 에어하트의 편지, 일기, 기록을 담은 책《Last Flight》(Crown Trade, 1996)을 보면 이런 내용이 나온다.

"언젠가 나는 죽을 거예요. 할 일도 많고 재미있는 일도 많아서 나는 (저세상으로) 가고 싶지 않아요. 하지만…"

그는 대서양 솔로 비행을 준비하면서 성공 확률이 10분의 1이라고 말했으며, 호놀룰루에서 오클랜드로의 비행을 연습할 때는 성공 확률이 2분의 1이라고 예측했다. 또 앞서 말했듯이 마지막 비행에서 실종되기 전날 남편에게 보낸 편지에서는 "꼭 알아주세요. 나도 위험하다는 걸 알아요."라고 말했다.

80여 년 전 장거리 비행은 위험했다. 기상 예측력이 지금보다 크게 낮아 예상 밖 악천후에 추락할 수도 있었다. 이착륙 시설이나 비행기 자체에 문제가 생기면 그 또한 치명적이다. 그런 사정을 잘 알았기 때문에 에어하트는 실패와 죽음의 가능성을 언제나 염려했다.

에어하트는 영웅이지만 도전을 두려워했다. 그도 보통 사람들처럼 두려움을 느끼면서 살았다. 그런데 어밀리아 에어하트는 보통의 사람과 다른 것이 있었다. 오래 고민한 끝에 두려움을 이기는 방법을 터득했다. 두려움을 이기는 방법은 그냥 시작하는 것이다.

"가장 힘든 것은 행동을 결정하는 것이다. 나머지는 끈기의 문제다. 두려움은 종이호랑이다. 하기로 결정하면 무엇이든 할 수 있다."

두려움은 아무것도 아니다. 행동을 결정하면 두려움은 사라진다. 종이호랑이에 불과한 두려움은 잊어버리고 계획하고 실행하면 된다. 시작을 못하고 주저하는 동안에 가장 무섭다. 일을 시작하면 두려울 겨를도 없어진다.

"가장 효율적인 방법은 그냥 하는 것이다."
"목표가 내포된 위험을 감수할 가치가 있는지를 판단하라.

그리고 걱정을 멈춰라."

그냥 시작하는 것이다. 그리고 결정한 후에는 뒤를 돌아보지 않는다. 그것이 어밀리아 에어하트가 두려움을 이기는 방법이었다.

꾸물거리니까 더 무서운 것이다. 당장 삽 한 자루를 들자. 그리고 자신을 위해 활주로를 파기 시작하자. 군소리 없이 그냥 시작해 보자. 그러면 금세 두려움을 잊고 기쁨과 보람을 느끼게 될 것이다. 죽을 수 있다는 걸 잘 알면서도 하늘 높이 날아오른 어밀리아 에어하트가 게으른 겁쟁이들에게 그냥 시작해 보라고 격려한다.

사랑으로 두려움을 극복하라

말랄라 유사프자이

은밀히 찾아온 테러범의 총탄을 얼굴에 맞고 죽음의 문턱까지 갔던 15살 소녀가 깨어났다. 소녀가 아니라 영웅호걸이라도 겁에 질릴 법하다. 자기 방에 꼭꼭 숨어서 세상에 절대 나오지 않으려고 발버둥 쳐도 하등 이상할 게 없다. 그러나 소녀는 더 씩씩해졌다. 다치기 전보다 더 큰 용기를 보였다. 어떻게 그럴 수 있을까. 그 소녀는 파키스탄의 교육 운동가 말랄라 유사프자이Malala Yousafzai이다.

그가 15살이던 2012년에 목숨을 잃을 뻔한 적이 있었다. 하굣길에 한 남자가 버스를 세웠다. 말랄라가 보기에 대학생 정도였고 감기에 걸린 사람처럼 손수건으로 얼굴을 가리고 있었다. 버스에 오른 남자가 말랄라를 찾았다. "말랄라가 누구냐?" 학생들은 아무 말도 하지 않았지만 몇몇이 말랄라에게 반사적으로 시선을 돌렸다. 그렇지 않아도 말랄라만 얼굴을 가리지 않은 유일한 여학생이라 티가 났다. 남자는 총을 꺼내서 말랄라의 왼쪽 뺨에서 약 50센티미터 떨어진 거리에서 방아쇠를 당겼다. 총탄은 말랄라의 얼굴과 목을 지나서 어깨에 박혔다. 괴한은 다른 두 명의 여학생에게도 총을 쏴서 각각 손과 다리를 다치게 했다. 정말 눈 깜짝할 사이에 일어난 일이다. 말랄라는 피를 흘리며 의식을 잃었고, 이 잔인한 범행을 뉴스로 접한 세상 사람들은 국적을 가리지 않고 격분했다.

복면 남자가 끔찍한 짓을 저지른 이유는 증오심 때문이다. 그는 무장 정치 세력 탈레반의 일원이었는데 탈레반은 여성에게서 교육 기회를 박탈하는 게 신성한 원리에 부합된다고 믿었다. 그 반대편에 말랄라 유사프자이가 있었다. 그는 여성의 교육권 지키기 위해서 실천하고 헌신했기 때문에 탈레반에게는 증오의 대상이었던 것이다.

말랄라는 11살 때부터 교육 운동을 시작했다. 그 어린 나이에 BBC에서 운영하는 블로그에 익명으로 탈레반의 악행을 고발하는 글을 썼다.

"무서운 꿈을 꿨다. 군 헬리콥터와 탈레반이 나오는 꿈이었다. 스와트 지역에 군 작전이 시작된 후 이런 꿈을 계속 꾸고 있다. 엄마가 아침밥을 먹고 나는 학교에 갔다. 하지만 나는 학교 가는 것이 무서웠다. 탈레반이 모든 여자아이의 등교를 금지하는 포고령을 내렸기 때문이다. 27명의 반 아이 중 11명만 등교했다."

어린 소녀 말랄라는 도대체 어떤 심장을 가지고 있었던 걸까. 자기 목숨을 걸고 탈레반을 고발하는 소녀에게는 사자의 용기가 필요했을 것이다. 블로그로 주목받은 말랄라 유사프자이는 나중에는 미국 〈뉴욕타임스〉의 다큐멘터리에 출연하는 등 세계 방송과 언론에 소개되면서 더욱 유명해졌다.

10대 초반의 아이가 홀로 정의를 실천했던 것은 아니다. 말랄라가 교육 운동에 나선 것은 아버지 지아우딘 유사프자이의 영향이다. 아버지는 어린아이들의 교육받을 권리를 지키기 위해 학교를 세웠고 살해 협박에도 맞서 물러서지 않은 사람이다. 말랄라는 존경하는 아버지와 같은 길을 걷다 테러의 대상이 된 것이었다.

총을 맞은 말랄라는 파키스탄에 치료를 받다가 영국으로 옮겨졌고 6번의 수술 끝에 죽지 않고 살아났다. 총탄이 얼굴과 목을 뚫은 끔찍한 일을 당한 말랄라는 마음이 꺾이지 않았을까? 놀랍게도 전혀 그렇지 않았다. 사명감과 용기가 오히려 더욱 강해졌다. 2013년 UN 본부에서 했던 연설에서 그 용기가 드러났다.

"테러리스트들은 나의 목표를 바꾸고 나의 소망을 가로막을 수 있다고 생각했습니다. 그러나 내 삶의 변화는 없습니다. 있다면 나약함, 두려움, 무력감이 죽었고 강함, 힘, 용기가 태어났다는 것뿐이고 그 외에는 아무것도 달라지지 않았습니다. 나는 똑같은 말랄라입니다. 나의 소망은 똑같습니다. … 나는 모든 아동의 교육받을 권리를 주장하기 위해서 여기에 있습니다. 나는 탈레반과 테러리스트와 극단주의자의 자녀도 교육받기를 원합니다. 나는 나를 쏜 탈레반 그 사람도 미워하지 않습니다."

이 유명한 연설은 한 문장으로 요약하면 '테러리스트 당신들은 나를 이길 수 없으니 일찍 포기하고 내 말을 따르라'라는 것이다. 10대 소녀의 외침이라니 보고도 믿어지지 않는다. 자극받은 테러리스트가 보복을 다짐할 수도 있었다. 그런데도 말랄라는 어쩜 그렇게 용맹할 수 있었을까.

용기의 기반은 여럿이다. 분명한 목표 의식이 마음을 강하게 한다. 자기 신뢰와 낙관적인 태도가 강해도 용감해진다. 또 자신의 가치와 일치하는 삶을 사는 진실성이 용기를 키운다. 그리고 용기의 뿌리가 하나 더 있다. 바로 사랑이다. 사랑하면 용기가 생긴다. 수줍고 약했던 여성이더라도 자녀를 살리기 위해서라면 탱크를 막아 세울 수도 있다. 작은 아이가 자기보다 더 작은 강아지를 끌어안고 불길을 빠져나올 수 있다.

말랄라도 사랑이 깊었다. 또래 친구들을 사랑했다. 그 친구들이 교육을 받아서 예속과 차별에서 벗어나도록 도와주고 싶었다. 자신이 돕지 않으면 친구들은 못 배우고 차별받으며 희망을 잃을 것이다. 그래서 말랄라는 물러설 수 없었다. 위험과 위협에 맞서서 외쳤다. 사랑하는 친구들을 괴롭히지 말라고 말이다. 그래서 그렇게 크게 사자처럼 당당히 테러리스트들을 야단칠 용기가 났던 것이다.

이제 겁쟁이의 비밀이 밝혀졌다. 겁이 많은 이유는 뭘까. 사랑하지 않아서다. 나보다 더 소중한 존재가 없기 때문에 나보다 큰 용기를 낼 수 없고 나보다 큰 세상으로 못 나가지 못한 채 좁은 내 속에 갇히게 되는 것이다. 사랑하는 사람은 용감하고 사랑 없는 사람은 겁쟁이다.

내가 겁이 많다면 사랑이 부족한가 돌아봐야 한다. 두려움을 떨치고 살기 위해서는 깊은 사랑을 해야 한다. 헌신적인 애국심이나 인류애라면 무척 좋겠지만 더 작아도 좋다. 저마다의 규모로 사랑을 시작하면 된다. 가령 가족부터 진심으로 사랑하는 것이다. 연인의 행복이 나의 행복 이상으로 중요한 게 사실인지 점검해 보는 것도 방법이다. 학대받는 동물이나 병들어 가는 식물을 사랑할 수도 있다.

가장 단순하게 정의하자면 사랑은 나의 행복 이상으로 그 사람의 행복을 중요하게 여기는 마음이다. 그 사람의 기쁨이 나의 기쁨과 같거나 더 중요해야 사랑에 빠진 것이다. 인류, 민족, 연인, 가족, 친구, 동료, 동식물 무엇이든 사랑하는 게 시급하다. 아니면 나 자신이어도 괜찮다. 나의 미래를 사랑하거나 나의 과거 선택을 위해 살 수도 있다. 대상이 무엇이건 사랑을 시작해야 용기를 얻고 나아가 삶의 목표와 행복도 갖게 된다. 겁쟁이에게 가장 긴요한 것은 대상이 무엇이든 가슴 터지게 사랑하는 마음이다.

아프면 아프다고 말하는 것이 용기다

다이애나 스펜서

그날 신부의 허리둘레는 23.5인치였다. 이 신부의 이름은 다이애나 스펜서다. 그녀는 1981년 영국 런던의 세인트폴 대성당에서 찰스 왕세자와 결혼했다. 귀족에 속하기는 했지만 대단한 집안은 아니었고 직업은 평범한 유치원 교사였다. 어린 20살 여성 다이애나 스펜서가 32살의 왕자와 올린 결혼식은 동화 같았다. 한국인까지 포함한 세상 사람들은 현실판 신데렐라의 결혼식을 TV로 지켜보면서 감탄하고 감동했다.

그런데 타인의 행복한 얼굴은 가면일 때가 많고 그 가면은 절실한 고통을 숨긴다. 신데렐라처럼 더없이 행복해 보였던 다이애나 스펜서의 고통은 무척 컸는데, 그 아픔의 증거가 바로 23.5인치 허리였다.

결혼 드레스를 맞추기 위해 처음 허리를 쟀을 때는 29인치였다. 그런데 얼마 지나지 않아 23.5인치가 되어 버렸다. 이건 성공한 다이어트의 결과가 아니었다. 폭식증에 따른 급속한 건강 악화가 원인이었다.

폭식한 후에 구토하기를 반복하는 그 나쁜 병의 발병 시점은 약혼 직후였다. 1992년 출간된 전기 《Diana: Her True Story》(Michael O'Mara Books, 1992)에는 이런 내용이 있다.

"약혼한 그 주부터 폭식증이 시작되었습니다. … 내 남편이 손을 내 허리에 대고 말했죠. "여기 좀 통통하지 않나요?" 그 말이 내 속에서 어떤 것을 촉발시켰어요."

뱃살이 쪘다는 지적은 한 30년 된 부부도 상처 없이 주고받기 어려운 말이다. 두 사람은 친밀은커녕 가깝지도 않았다는 주장이 많다. 약혼하기까지 13번 데이트한 게 전부였다. 뭐가 그렇게 급했는지 서둘러 결혼한 두 사람은 뱃살 이야기를 아무렇지 않게 주고받을 애틋한 사이가 전혀 아니었다.

다이애나 스펜서가 상처 받은 또 다른 일이 있다. 사랑의 진실성을 의심하게 만든 계기였다. 〈Diana: In Her Own Words〉라는 다큐멘터리에서 다이애나 스펜서는 약혼 발표날 있었던 충격적인 일을 회고했다.

"한 기자가 말했어요. '두 분은 사랑하고 있나요?' 너무 바보 같은 질문 같았어요. 그래서 내가 답했어요. '예. 물론입니다. 우리는 사랑하고 있어요.' 그런데 찰스가 돌아서서 이렇게 말하는 거예요. '사랑에는 여러 뜻이 있겠지만….' 그 대답이 나를 충격에 빠트렸어요. 나는 아주 기이한 대답이라고 생각했어요. 그 대답은 나에게 트라우마였어요."

사랑에는 여러 뜻이 있다. 연인 사이의 사랑, 부모 자식의 사랑, 주인과 반려동물의 사랑, 친구끼리의 사랑 등 다양하다. 찰스 왕세자의 말은 "우리의 사랑은 남녀 사이의 사랑이 아니다."로 해석될 여지가 충분했다. 자기 앞에서 그리고 많은 기자들을 앞에 두고 그렇게 말을 하다니, 다이애나 스펜서가 트라우마와 같은 상처를 입은 건 당연하다.

정신적 충격은 다이애나의 허리살에 응축되고 폭발했던 것 같다. 다이애나는 치욕감이 투사된 허리둘레 살을 없애고 싶어 굶기로 다짐했을 것이다. 그런데 굶다 보면 자존심이 상하지 않았을까. 타인의 말 한 토막 때문에 쫄쫄 굶으면서 자학하는 자신이 싫었을 것이다. 그러면 반발심으로 폭식을 했을 테고 폭식은 배를 불룩하게 만들고 불룩한 배는 수치스러워 억지 구토를 유발할 것이다. 통제할 수 없는 폭식과 구토의 반복, 폭식증의 전형적인 패턴이다.

다이애나 스펜서는 당시 고통을 1995년 BBC와 인터뷰하면서 더욱 직접적으로 설명했다.

"나는 수년 동안 폭식증을 앓았어요. 그것을 비밀스러운 질병 같은 거예요. 그런 병에 걸리는 것은 자존감이 최저이고 자신이 가치 있거나 소중하지 않다고 생각하기 때문입니다. 하루에 네다섯 번 위를 가득 채웠는데 그러면 아주 편안해집니다. 두 팔로 자신을 두르는 것 같죠. 하지만 그것도 잠깐이에요. 배가 팽창한 것이 끔찍해서 모든 것을 다 토하게 되죠."

하지만 오랫동안 그 사실을 공개하지 못했던 다이애나 스펜서는 점점 자신을 싫어하게 되었다. 그녀는 이런 말도 했다.

"나는 도살장에 끌려가는 어린 양 같았어요."
"나는 아무것도 아닌 존재로 오그라들었어요 ."
"나는 나 자신이 싫었어요. 압력을 이겨 내지 못하는 게 수치
   스러웠어요."

고통스러워하던 다이애나 스펜서는 1992년부터 남편과 별거를 시작했고 1996년에 정식으로 이혼했으며 이듬해 교통사고로 파리에서 사망했다.

미국 시인 마야 안젤루Maya Angelou는 말 못 한 이야기를 마음속에 품는 것보다 더 큰 고통은 없다고 말했다. 행복한 신데렐라인 줄 알았는데, 다이애나 스펜서는 아름다운 성에서 말 못

할 고통을 겪으면서 살았다. 불쌍하고 가련하다. 그래서 오랫동안 그녀를 연민하는 목소리가 많았다.

그런데 최근에는 평가가 달라졌다. 이제는 다이애나의 용기를 칭송하는 사람도 많다. 자신의 괴로움을 세상에 공개한 용기는 이제 하나의 모범이 되었다.

미국 위스콘신대학교 폭스밸리 캠퍼스 대학의 다니엘 퍼트맨Daniel Putman 교수에 따르면 용기의 종류는 세 가지다. 육체적 용기, 도덕적 용기, 그리고 심리학적 용기이다.

가족이나 나라를 지키기 위해서 죽음도 불사하는 용기가 육체적 용기다. 그리고 윤리적 신념을 지키려는 용기가 도덕적 용기다. 정의롭지 않은 이들을 비판하거나 약한 친구를 괴롭히는 이들에게 맞서는 용기가 그 예다.

세 번째로 우리가 이야기할 심리학적 용기는 '자신의 비합리적 공포와 불안을 마주하는 용기'이다. 사람들은 대체로 자기 속의 비합리적인 두려움이나 불안을 모르는 척하고 덮는다. 즉 회피와 숨기기가 일반적 대응법이다. 하지만 일부 사람들은 자신의 마음속의 어두운 것들을 응시할 용기가 있다. 다이애나 스펜서처럼 말이다. 마음속 고통의 정체를 알아낸 다이애나 스펜서는 그것을 언어화해서 세상에 공개하기에 이른다. 최고 수준의 심리학적 용기다. 자신이 종군 위안부로서 겪은 고통을 공개하는 여성이나 학교 폭력의 상처를 말하기로 결심한 어느 청년처럼, 다이애나 스펜서도 자신을 살리는 용기를 냈다.

다이애나 스펜서의 용기 있는 고백은 사회적 영향도 컸다. '다이애나 효과'라는 개념이 있다. 다이애나 스펜서처럼 사회적 인지도가 높은 사람이 폭식증과 우울증을 공개한 사례는 이전에는 거의 없었다. 그의 고백은 효과가 컸다. 비슷한 병을 사람들이 숨길 게 아니라 터놓고 말하고 치료해야 한다는 인식을 퍼뜨렸다. 상처받은 사람들도 다이애나 덕분에 용기를 얻은 것이다.

우리도 다이애나 스펜서에게서 배울 게 있다. 괴로우면 어떻게 해야 할까. 먼저 내면을 응시하라. 먹구름 속에 숨어 있는 고통의 실체를 분명하게 밝혀야 한다. 그다음 고백한다. "나는 아프다, 나는 많이 아파 견디기 힘들다."라고 말해야 하는 것이다. 눈물을 흘리며 호소해도 괜찮다.

안데르센이 쓴 동화 《인어공주》에는 "인어는 눈물이 없어서 더 큰 고통을 받는다."라는 내용이 있다. 아프면 눈물을 흘리고 소리를 내서 말해야 한다. 아프니까 나를 봐 달라고 말이다. 침묵하면 눈물을 흘릴 수 없는 인어처럼 고통이 커질 뿐이다.

그런 호소는 타인에게도 가닿지만, 나에게도 나의 진실을 알려 준다. 내 고통의 진실을 알지 못하고는 나는 나를 안아 주지 못한다. 내가 가엾고 아까운 존재라는 알게 되는 순간에야 나는 나를 진정으로 사랑하기 시작한다. 자기 사랑은 자신의 진정한 아픔을 알고 인정하는 데서 출발한다. 앞서 말한 심리학적 용기의 의미일 것이다.

　이런 말이 있다. 상처를 통해 우리에게 빛이 들어온다. 그렇다면 나의 상처를 보이는 일은 자기 속의 빛을 소개하고 나누는 일이다. 다이애나 스펜서가 보다 일찍 세상 사람들과 빛과 어둠을 나누고 홀가분한 시간을 더 보냈다면 훨씬 다행이었을 것이다.

고독한 침묵 속이 가장 안전하다

리오넬 메시

갑자기 무섭고 긴장된다. 스트레스가 내 정신을 찢어 버리는 듯하다. 그럴 때는 어디 가서 달리거나 춤추거나 소리 지르면 큰 도움이 된다. 에너지 고갈이 정신 운전 스위치를 끌 것이기 때문이다.

그런 방법도 좋지만 긴장감이나 스트레스가 끓어오를 때 가장 근사한 대응책은 침묵이다. 아무 말도 하지 않는다. 입이 고요해지면 마음도 따라서 고요해지고, 자신과의 소리 없는 대화가 시작된다. 남에게 피해를 입히지 않아서 더욱 좋은 침묵 기술의 모범적 사례를 리오넬 메시Lionel Messi가 보여 준다.

여기는 리오넬 메시가 속한 축구팀의 로커룸이다. 리그 결승전을 앞두고 있다. 상대는 최강 팀이다. 우리 팀이 패배하면 신랄한 비난이 쏟아질 것이다. 관객들이 야유를 터뜨릴 게 분명하다. 긴장감과 두려움이 로커룸을 가득 채웠다. 그때 어떤 선수를 일어나 소리를 지른다. "우리는 이길 수 있다. 저 팀은 아무것도 아니다." 그는 다른 동료를 독려한다. "겁 먹지 말고 파이팅!" 선수들이 호응하면서 실내가 쩌렁쩌렁 울린다. 흔한 상황이다. 아마 그렇게 하면 긴장과 두려움이 조금은 줄어들 것이다.

리오넬 메시는 다른 스타일이다. 그는 침묵한다. 긴장되고 두려울 때 그는 아무 말도 하지 않는다. 그는 훈련장으로 갈 때부터 조용하다.

"훈련하러 가는 차 안에 있을 때 나는 항상 최대한 고요하게 운전한다. 나는 운전을 즐긴다. 훈련 전에 혼자 생각하면서 진정하는 시간을 갖는 건 아주 좋다. 시합 이전에도 똑같이 한다. 나는 항상 같은 길로 훈련장에 간다. 집중하기 좋기 때문이다."

메시는 훈련장에 가는 동안 조용히 자신에게 집중하는 걸 중시한다. 긴장감이 넘치는 로커룸에서도 똑같다.

"나는 게임 전에 드레스룸을 돌아다니면서 소리치고 비명을 지르는 타입이 아니다. 내 생각에 집중하고 경기 중 내게 닥칠 상황들을 떠올리면서 고요히 있는 걸 나는 선호한다."

메시가 침묵의 시간을 좋아하는 이유가 있다. 이롭기 때문이다. 경기 중에 일어날 상황을 미리 그리면서 대비할 수 있다. 침묵 속에서 대응 능력이 높아진다. 소리치고 뛰면 용기가 솟아날지 모르지만, 시뮬레이션을 만들어서 대응하고 훈련하기는 어렵다.

메시는 분노와 좌절감도 침묵 속에서 다스린다. 한 인터뷰에서 '게임에 패배한 후에 어떻게 하냐'는 질문에 메시는 이렇게 답했다.

"나는 경쟁심이 강해서 지고 나면 기분이 무척 좋지 않다. … 나는 누구와도 말하기 싫어한다. 내 속으로 빠져들어 머릿속으로 게임을 다시 생각한다. 어떤 일이 문제였고 내가 잘못한 것은 무엇이고 우리 팀은 왜 졌는지…."

메시는 온화해 보이지만 그 역시 패배하면 화가 나고 좌절감이 들 것이다. 그러니까 모든 사람의 공통된 감정이다. 그런데 메시는 다수의 사람과 다른 점이 있다. 부정적인 감정을 다른 사람에게 표출하지 않는다. 대신 그 감정을 자기 내면에서 해결한다. 침묵 속에서 분석하고 성찰하는 시간을 가지면 분노와 좌절감은 녹아 없어진다. 자기 속에서 감정 폭탄을 해체하고 녹이는 메시는 철을 액화시키는 용광로처럼 강하고 용기 넘치는 사람이다.

사람마다 감정을 처리하는 방법은 다르다. 여러 감정 처리법 중 메시는 침묵을 택했다. 그는 조용히 앉아서 집중하는 시간을 보낸다. 침묵으로 감정을 회복할 수 있고, 고독으로 내면을 다스릴 수 있다는 것을 메시에게 배울 수 있다.

철학자 블레즈 파스칼Blaise Pascal은 인간의 모든 문제는 방에 혼자 조용히 있지 못해서 생긴다고 말했다. 유토피아를 만드는 일은 쉽다. 고독한 침묵 속에 30분 정도 견디는 사람에게만 시민권을 제한하면 된다. 침묵이 세상의 문제를 줄인다. 침묵은 내 마음도 유토피아로 만들 수도 있다. 어지러운 마음을 평화롭게 만든다. 두려움, 긴장, 슬픔, 고통같이 나쁜 것들을 가라앉힌 후 용기와 에너지를 채워 주는 게 침묵의 힘이다. 고요하고 강한 사람이 되어서 두려움을 잘 견디려면 떠들썩한 클럽이 아니라 조용한 자기 방으로 들어가는 게 낫다.

5장

삶의 슬픔까지 받아들이는 용기,
삶이 내 마음대로 되어야 할까

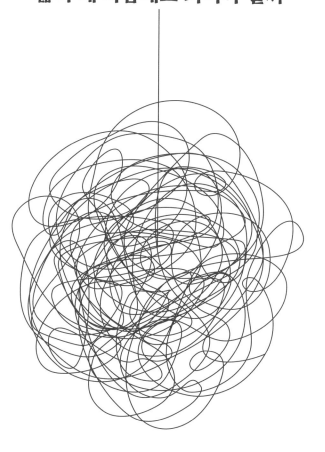

인생은 애인이 떨리는 마음으로 내놓은 짜디짠 김치볶음밥이다. 대책은 두 가지다. 볶음밥을 프라이팬에 다 쏟아붓고는 양념을 희석시킨 후 맛있게 식사할 수 있다. 다른 하나는 묵묵히 먹기다. 어찌해 볼 생각을 접고 고통에 가까운 짠맛을 고요하게 참아 내는 것이다.

인생의 용기도 두 가지다. 세상을 바꾸는 용기와 세상을 바꾸지 않는 용기가 있다. 이번 장에서는 삶을 바꾸지 않고 수용하는 용기를 이야기한다.

삶은 뜻대로 되지 않는다. 나의 절실한 바람이 9할은 꺾이기 마련이고, 불의하고 부당하고 이해할 수 없는 일은 매일 일어난다. 그런데 왜 내 삶이 내 뜻대로 되어야 하나. 나의 기대 실현이 최우선이며, 내가 특별히 공정한 대우를 받고, 나의 이해 범위 안에서 세상이 운행되어야 할 이유가 뭔가. 그건 황제, 존 록펠러, 소크라테스도 이루지 못한 꿈이다. 다들 태풍에 장미 줄기가 꺾이듯 속절없이 꺾이는 자기 삶을 수용했다. 그런 수용의 자세는 지혜일 뿐 아니라 용기 있는 행동이다.

이번 장에서 소개되는 파킨슨병에 걸린 슈퍼스타, 개 앞에서 떨었던 정부 수반, 불안 장애가 심했던 배우, 아내를 잃은 배우는 삶의 슬픔까지 수용하는 용기를 보여 줬다.

아픔을 받아들이는 것이 용기다

마이클 J. 폭스

캐나다 출신 배우 마이클 J. 폭스Michael J. Fox는 1985년 영화 〈백 투 더 퓨처〉에 출연했던 최고 인기 스타다. 최고의 인기를 누렸던 1991년 그는 파킨슨병을 진단받았다. 파킨슨병 환자는 손발이 떨리고 몸의 이곳저곳 근육이 점차 뻣뻣해진다. 단추를 채우는 것처럼 쉬운 동작도 하기 어렵다. 몸이 구부정해지고 걸음 속도가 느려지며 잘 넘어진다.

파킨슨병을 진단받은 슈퍼스타는 어떻게 반응했을까.

"나의 첫 번째 반응은 폭음을 시작하는 것이었다. 전에는 파티에서 술을 마셨는데 이제 매일 혼자 술을 마시게 되었다."

괴로우면 술이 최고의 유혹이다. 술 몇 잔이면 다 잊어버리고 어떤 것에서든 도망칠 수 있을 것만 같다. 마이클이 그랬다.

매일 마셨다. 혼자서라도 마셨다. 술기운이 몸에서 빠질 것 같으면 또 마셔야 했다. 그렇게 해야 지옥 같은 현실에서 달아날 수 있었다.

음주는 후회를 낳는다. 마이클은 당시 자신을 돌아보면 "옷장 속 칼싸움"을 하는 것 같았다고 말한다. 옷장 속 칼싸움은 자해 행위였다. 좁은 곳에서 칼을 휘둘러봐야 자신만 다칠 뿐 운명을 조금도 바꿀 수 없다.

지친 마이클에게 우울증이 찾아왔다. 슬픔을 뻥튀기하듯 키우면서 기쁨에 대한 관심을 소멸시키는 게 우울증이다. 우울증 환자는 자신을 무가치하게 느끼고 심한 경우에는 죽음도 생각한다. 마이클은 그렇게 망가지기 시작했다. 마이클은 세계적 스타로 떠올랐다가 추락하고 말았다. 젊은 나이에 몸도 아프니 절망과 우울증이 깊고 심각할 수밖에 없었다.

다행히 마이클은 생존했다. 술과 우울을 이겨내고 몸과 마음을 회복했다. 우여곡절이 많았지만 결국 고난을 이겨 낸 비책으로 꼽히는 게 하나 있다. 그것은 바로 수용, 즉 받아들이기이다. 현실을 있는 그대로 받아들임으로써 그는 고통에서 벗어났다.

"몇 년 전에 떠올렸던 내가 사랑하는 아이디어가 있다. … 행복은 수용에 정비례하고 기대에 반비례한다."

나무나 돌 위에 새기듯이 마음에도 새겨 둘 수 있다면 좋을 문장이다. 수용은 현실을 받아들이는 심리적 태도를 말한다. 사건이나 상황이 마음에 들지 않아도 바꿀 수 없다면 거부하지 않고 인정하는 것이다. 나의 인기가 추락한 현실은 슬프고 아쉽겠지만 있는 그대로 인정하는 게 수용이다. 파킨슨병이 내달에라도 말끔히 나을 거라고 믿고 싶은 게 사람 마음이지만 삶의 새로운 조건으로 받아들이는 게 수용의 태도이다.

에크하르트 톨레Eckhart Tolle는 수용을 '현재에의 항복'이라고 정의한다. 지금 이 순간의 사건, 상황, 조건을 억지로 바꾸려는 게 아니라, 무조건 항복하듯이 받아들이는 게 바로 수용이다.

여기서는 무엇보다 판단하지 않는 태도가 중요하다. 톨레는 '이야기를 말하지 말라'는 방법을 제시했다. 예를 들어 누가 나의 문자 메시지를 읽고도 답을 하지 않았다고 하자. "그 사람이 내 메시지를 읽고도 씹었다."라고 말하면 그것은 이야기를 담은 말이 된다. 나를 무시하거나 싫어한다는 뜻이 숨어 있기 때문이다. 그런데 "그는 내 메시지에 아직 답하지 않았다."라는 사실일 뿐이다. 이야기가 없다. 현실을 있는 그대로 담백하게 받아들인 것이다.

파킨슨병에 걸린 사람이 "나는 평생 파킨슨병의 저주에 시달려야 한다."라고 말하면 이야기다. 부정적인 판단이 깔려 있다. 반면 "나는 파킨슨병에 걸렸다."는 사실이다. 판단 없이 현실을 깔끔하게 받아들이는 말이다.

또 다른 예를 생각해 보자. 가령 동거인에게 "네가 청소를 안 하니까 답답해서 내가 했다."라고 말하는 게 아니라 "청소는 내가 했다."라고 말하면 된다. "나는 무능력해서 재산을 많이 모으지 못했다." 대신에 "나는 재산이 많지 않다."라고 하면 된다. 이야기에는 감정이 담겨 있다. 판단도 개입되어 있다. 감정도 판단도 없이, 상황을 객관적으로 이해하고 받아들이면 그것이 수용이고 행복이다. 파킨슨병에 걸려 고통받던 마이클도, 현실 수용을 통해 호수처럼 잔잔해지는 행복에 도달했다.

마이클과 처지가 비슷했던 슈퍼스타가 또 있다. 1978년 영화 〈슈퍼맨〉의 주연을 맡아 세계적 스타로 올랐던 크리스토퍼 리브Christopher Reeve는 1995년 말을 타다가 머리부터 땅으로 떨어져서 부상을 입었고 9년 후 52세의 나이로 사망할 때까지 몸을 움직일 수 없었다. 비극적인 사고를 당하고 3년이 지난 후 크리스토퍼 리브는 인터뷰에서 이런 말도 했었다.

"사고의 원인은 누구도 알 수 없다. 중요한 것은 사고 이후에 무엇을 하느냐이다. 충격의 시간이 온다. 그다음 혼란과 상실 때문에 슬퍼하는 시간도 생긴다. 그 후 두 가지 선택지가 있다. 하나는 창밖을 응시하며 서서히 무너지는 것이다. 다른 하나는 무엇이 되었든 긍정적인 일을 하기 위해 자신의 모든 자원을 동원하고 활용하는 것이다. 나는 후자를 선택했다. 자연스럽게 그렇게 되었다. 나는 경쟁심이 강한 사람이며 지금 나는 쇠락과 경쟁하고 있다. 나는 골다공증, 근육 위축, 우울증에 지지 않을 것이다."

크리스토퍼 리브도 사고 후 큰 충격을 받았으며 혼란과 슬픔을 느꼈다고 했다. 하지만 곧 마음을 회복했다. 한탄하거나 사고 원인을 따지며 무의미하게 시간을 보는 대신에, 어떤 일이든 긍정적으로 하기 위해 가진 에너지를 다 쏟은 것이다. 크리스토퍼 리브는 자신의 장애를 부정했을까 아니면 받아들였을까. 자신의 새로운 현실로 받아들였기 때문에 긍정적인 일을 찾아 몰두하는 게 가능했다.

"내가 생각하지 못한 인생을 살고 있지만, 이 인생에도 의미와 목적이 있다. 사랑이 있고 기쁨도 있고 웃음도 있다."

크리스토퍼 리브는 자신의 삶을 부정하지 않았다. 한탄과 원망 속에서 시간을 허비하지도 않았다. 비록 자신이 원치 않은 삶이었지만 그 삶 속에 깃든 의미와 목적과 사랑과 기쁨을 누리려고 무척 애를 썼다. 마이클처럼 그도 용기 있는 사람이다. 남이 보기에는 무너진 것 같은 자신의 삶을 껴안고 활짝 미소 짓는 건 겁쟁이는 못하는 일이다.

1930년대 미국의 언론인 도로시 톰슨Dorothy Thompson은 용기를 이렇게 정의했다.

"용기란 무엇인가? 슬픔 가득한 인생도 괜찮다고 긍정하고
이해할 수 없어도 모든 일에 의미가 있다고 인정하면서 위
험, 불행, 두려움, 불공정를 극복하는 힘이 바로 용기이다."

세상과 인생은 부조리하다. 말도 안 되는 일이 빈발한다. 물
론 소리를 지르고 화를 터뜨려도 된다. 어떻게든 뜯어고치려고
덤벼드는 것도 선택이고 뜨거운 용기다. 하지만 다른 대응책
도 있다. 바꿀 수 없는 것이라면 분노하지 않고 기꺼이 수용하
는 것이다. 그 또한 괜찮은 선택이고 온화한 용기다. 젊거나 늙
거나 건강하거나 병들었거나 가용한 용기는 두 종류다. 뜨거운
부정의 용기와 온화한 수용의 용기. 두 용기는 언제나 우리에
게 선택지로 허용된다.

불쌍하게 여겨라

앙겔라 메르켈

나쁜 사람은 매연과 같다. 배기가스처럼 건강에 해롭고 피하고 싶어도 피할 수 없기 때문이다. 학교나 직장에서나 악인과 마주하지 않는 건 불가능에 가깝다. 많은 심리학자들이 불행과 고통의 제조기들을 처리하는 방법을 이야기하는데 그 조언들을 분석해 보면 핵심은 결국 두 가지다.

첫 번째로 경계를 엄격히 설정한다. 악한들을 딴 세상으로 다 쫓아낼 수는 없다. 같은 공간에서 함께 지내야 한다. 공존을 인정하되 경계는 필수다. 침범을 절대 허용하지 않는 나의 사적 공간을 만들고, 경계선을 악한에게 주지시켜 주면 내 생활이 편해진다. 어떤 언행이 선을 넘는 것이며 참을 수 없는지 차분히 말하는 지혜와 용기가 필요하다.

나쁜 사람은 물리치는 두 번째 방법은 마음을 편하게 바꾸는 것이다. 마음을 편하게 만드는 방법엔 무엇이 있을까? 먼저 긍정성을 유지하는 게 효과적이다. 가령 '나쁜 자들 덕분에 내가 더 빠르게 성장한다'라는 긍정적인 논리를 만들면, 내 마음이 편해진다.

마음을 편하게 바꾸는 또 다른 방법은 연민이다. 나쁜 사람을 불쌍하게 여기는 것이다. 예를 들어서 그들을 마음에 유치함, 두려움, 치사함으로 가득한 안타까운 사람으로 생각할 수 있다. 상대할 수 없을 만큼 불쌍한 인간이라고 믿기 시작하면 내가 받는 고통이 미약하게라도 줄어들 수 있다.

평생 나쁜 자들을 수없이 만나서 협상했을 여성이 이를 보여 줬다. 독일의 총리였던 앙겔라 메르켈 이야기다. 그는 카메라 앞에서 아주 큰 곤란을 겪은 적이 있다.

2007년 독일과 러시아의 정상 회담이 열린 자리였다. 검은색 대형견이 왔다 갔다 하다가 메르켈 총리에게로 다가갔다. 메르켈 총리는 긴장하다 못해 겁먹은 표정을 짓고 말았는데 그럴 수밖에 없었다. 메르켈 총리는 십여 년 전에 개에게 물려서 병원 치료를 받은 후 개에게 공포심을 가졌다. 그런 사람 앞에 낯선 개가 오갔으니, 무섭지 않을 수 없었다.

그런데 어떻게 정상 회담 장소에 덩치 큰 개가 나타났을까. 그 개는 푸틴 러시아 대통령의 개였다. 그렇다면 우연한 해프닝이 아닐 수도 있다. 메르켈을 겁주기 위해 일부러 개를 풀어

놓았다는 의심이 회담 끝난 후 돌기 시작했다. 메르켈 총리 입장에서는 격분할 만했지만 분노를 드러내지 않았다. 대신 연민을 드러냈다. 기자들에게 했던 말은 이렇다.

"나는 그가 왜 그랬는지 이해한다. 자신이 남자임을 증명하기 위해서다. … 그는 자신의 약점이 드러나는 것을 두려워한다."

푸틴 대통령을 불쌍히 여기는 마음이 절절하다. 그가 강한 척 연기 하지만 실은 약점이 들통날까 봐 전전긍긍하는 가엾은 인간이라는 것이다. 그렇게 상대를 불쌍한 존재로 낮춰서 연민함으로써, 메르켈 총리는 들끓던 마음을 가라앉힐 수 있었을 것이다.

우리를 괴롭히는 사람들을 관찰하면서 연민해 보자. 그들은 어떤 인간인가. 무엇을 감추고 있을까. 그가 숨기는 것이 그의 실체이다.

감춘 것을 찾기는 의외로 쉽다. 착한 사람은 심리적 약점이 작고 나쁜 사람은 심리적 약점이 크다. 회사에서 쫓겨날까 봐 못된 행동을 하는 자들이 있다. 어릴 적 미움만 받았기 때문에 남을 미워할 줄밖에 모르는 불쌍한 이들도 여기저기 있다. 열등감, 두려움, 질투심에 절여진 악한도 많다. 모든 잔인함은 그런 숨겨진 약점에서 나온다. 그들의 심리적 약점을 찾아내서

연민하면 내 마음이 평화롭다. 원한에서 벗어난다. 이득 보는
건 나 자신이다.

비슷한 예로는 톰 크루즈가 있다. 톰 크루즈의 아버지는 경
제적으로는 무능했지만 폭력 행사에는 전문가였다. 톰 크루즈
는 툭하면 가족에게 폭력을 쓴 아버지에 대해 이렇게 말했다.

"그는 폭력배였고 겁쟁이었어요. … 나는 이런 생각을 했어
요. 그는 뭔가 문제가 있는 사람이다. 그를 신뢰하지 마라.
그의 근처에 있을 때는 조심하라. 나는 항상 불안했습니다."

왜 아버지를 겁쟁이라고 한 것일까. 어린아이들에게 폭력을
쓰니까 겁쟁이다. 어머니는 톰 크루즈가 12살 때 아이들을 데
리고 집을 나와 버렸다. 톰 크루즈는 10년 후에야 과거 이야기
를 하지 않는 조건으로 암에 걸려 죽어 가던 아버지를 만났다.
숨 쉬는 것도 어려워하던 아버지를 본 톰 크루즈의 심정은 참
담했다.

"고통스러운 마음으로 아버지를 보면서 나는 생각했어요.
'이 얼마나 외로운 인생인가.'"

외롭게 죽어 가는 아버지를 보면서 톰 크루즈는 연민을 느

껐고, 그 연민은 평생의 원한을 일부라도 씻어 냈을 것이다. 우리를 괴롭히는 나쁜 인간들을 보자. 자기만 행복해지려는 그들은 외로울 수밖에 없다. 나쁘면서 외롭지 않은 사람은 세상에 없다. 스크루지처럼 가여운 인간이다. 그렇게 불쌍히 생각하며 고개를 끄덕여 주면 우리 마음이 좀 낫다. 연민은 악한의 독소를 중화하는 해독제이다.

그런데 세상에는 누가 봐도 분명한 완전 악한만 있는 건 아니다. 애매한 부분 악한도 있다. 착한 사람이 보름달 아래에서 늑대 인간으로 변하듯이 그들도 상황에 따라 돌변한다. 그런 부분 악한은 가족 중에도 있다. 화난 아버지, 술에 취한 어머니, 독기 오른 형이 그런 예다. 영화배우 짐 캐리Jim Carrey는 그런 애매하게 나쁜 가족들을 연민으로 포용했다.

1990년대 〈배트맨3: 포에버〉, 〈트루먼 쇼〉 등의 영화에 출연했던 배우 짐 캐리의 부모는 정서적으로도 경제적으로도 불안정했다. 네 식구가 폭스바겐 밴 차량에서 6개월 동안 살았던 적이 있다. 짐 캐리는 17살에 학교를 그만두어야 했다. 전 과목의 성적이 A였지만 가난해서 학업을 지속할 수 없었다. 학교 밖으로 나간 후에는 누구를 만나거나 사귀는 걸 오랫동안 꺼리게 됐다.

"부모님은 담배를 자주 피웠어요. 나는 부모님이 곧 돌아가실 거라고 생각하고는 화장실에 들어가 문을 잠그고 울었던 걸 기억합니다. 부모님은 문을 세게 두드리며 나오라고 외치셨어요. 내가 그 시절의 공포를 어떻게 극복했는지 모르겠네요. 엄마는 몸이 좋지 않았어요. 항상 허약하고 아프고 우울했어요. 7살 때 엄마가 저녁 식탁에서 이런 말을 했던 걸 기억합니다. "엄마 뇌는 너무 빠르게 악화되고 있어. 내 협심증도 문제야. 나는 언제든지 죽을 수 있어." 그런 일들이 나를 중심부터 흔들어 놓았어요. 아주 무서웠죠."

철부지 부모들은 자기감정도 통제하지 못해서 어린 자식에게 공포감을 심어 줬다. 악한이라고 할 수 없지만 분명 나쁜 영향을 끼친 게 사실이다. 그런데 피해자인 짐 캐리는 부모들은 원망하거나 미워하지 않았다. 대신 불쌍히 여겼다.

"그런데 그건 사실은 주의를 끌고 사랑을 받는 엄마만의 방식이었어요. 엄마는 알코올 중독 부모의 아이였기 때문에 필요한 것들을 받지 못했어요."

필요한 것들이란 사랑, 관심, 보살핌일 것이다. 짐 캐리는 엄마가 결핍감 때문에 자식을 괴롭혔을 것이라고 분석했다. 그것은 연민의 마음이다. 불쌍히 여기는 태도다. 아울러 수용의 방법이다. 짐 캐리는 부모님의 사정을 헤아렸고 그들을 이해하고 수용했다. 그들을 연민하고 보듬으면서 마음에 남은 앙금을 해결한 것이다.

악한은 매연이다. 우리는 악한들 틈에 살아간다. 나쁜 사람이 아예 없는 인생은 없다. 한순간에 나쁜 사람이 죄다 사라지면 좋겠다고 어린애처럼 바라면 그게 불만과 불행의 출발이 된다. 대신 그 사람에 대한 이해와 연민이 당신의 마음을 편하게 만들어 줄 것이다. 그다음 대처 기술을 익히면 된다. 여러 방법 중에서 연민도 중요한 기술이 될 수 있다. 우리는 악한보다 더 크고 여유로운 존재가 되고도 남을 수 있다.

나의 최악도 받아들이는 것이 아름답다

엠마 스톤

매력의 비밀은 자기애다. 자신을 좋아하는 사람은 타인에게도 사랑받는다. 그런데 매력 수준을 몇 배 높이는 비결도 있다. 자기 속의 최악까지 사랑하면 걷잡을 수 없을 만큼 매력적이다. 영화 〈라라랜드〉의 주인공인 할리우드 배우 엠마 스톤Emma Stone이 그런 태도를 갖고 있다.

늘 매력적일 것 같은 엠마 스톤은 아동기 때부터 심한 불안장애에 고통받았다고 한다.

"친구 집에 앉아 있었는데 갑자기 집에 불이 났다는 확신이 들었어요. … 불이 나지 않은 게 분명했지만 나는 내가 꼼짝없이 죽게 될 거라고 믿어 의심치 않았어요."

연기나 불길이 보이지도 않는데 자신이 불타 죽을 거라고 무서워했다. 죽을 징후가 전혀 없는데도 죽을 거라고 확신했다. 어지러웠을 게 분명하다. 자기가 제정신이 아닌 것 같아서 혼란스러웠을 것이다.

엠마 스톤은 학교에서도 편치 않았다. 배 속에 벌레가 들어갔다는 공포감에 사로잡혀 매일 선생님과 엄마에게 구해 달라고 빌었다. 집에서나 학교에서나 딸이 아무런 근거 없이 불안해 하는 일이 잦아지자, 엄마는 엠마 스톤을 병원에 데려갔고 의사는 불안 장애와 공황 장애라고 진단했다. 오랫동안 치료를 지속한 결과 엠마 스톤은 성인이 된 지금은 증세가 많이 완화되었다.

하지만 여전히 불안의 크기는 남보다 컸다. 불안과 공포와 우울이 평생 사라지지 않을 거라는 짐작도 하고 있다. 이럴 때 보통은 한탄하기 쉽다. 이런 끔찍한 형벌을 왜 아무 잘못 없는 자신이 감당해야 하는지 원통해할 수 있다. 하지만 엠마 스톤은 비범할 정도로 자기 포용적이다. 자신의 어두운 심리적 특성을 기꺼이 받아들이고 그 부분에서 장점도 찾아냈다.

"나는 불안과 우울증이 있는 사람은 아주 민감하고 아주 똑똑하다고 믿어요. … 그런 증상을 생산적인 일에 사용한다면 슈퍼파워가 될 겁니다."

엠마 스톤은 자기의 불안 증세와 우울함을 인정했다. 게다가 그 증상에서 자신의 민감함을 발견했다. 자신의 불안과 우울을 싫어하기만 할 수 있는데, 그녀는 장점도 발견했다. 피카소와 고흐도 자주 불안을 느낄 만큼 예민했지만, 그 예민함을 예술로 승화했다. 약점에서 장점을 도출해 내는 것도 중요할 뿐만 아니라 자신의 약점을 긍정하는 태도는 눈부실 만큼 단단하게 느껴진다.

영국 기업가 리처드 브랜슨Richard Branson도 비슷한 유형이다. 버진 그룹의 창업자인 그는 미디어, 금융, 우주여행 사업 등 여러 분야에서 활약하는 기업가이며, 상식이나 통념을 깨는 파격적이고 창의적인 인물이다.

그런데 리처드 브랜슨은 난독증 환자다. 고등학교를 중퇴해야 할 정도로 증세가 심했다. 사업가이지만 재무제표도 읽지 못한다. 책과 신문도 제대로 읽지 못하니 새로운 정보 습득을 통해 자기 계발하는 것도 남보다 몇 배 어려울 터이다.

보통은 자신의 난독증을 미워하지만 그는 그러지 않았다. 난독증에서 발견할 수 있는 탁월함을 찾아 냈다. 보통 사람들은 난독증만 없었어도 더 행복했을 거라고 한탄하면서 가슴을 쳤을 것이다. 하지만 리처드 브랜슨은 딴판이다. 끊어낼 수 없는 족쇄 같은 난독증을 사랑한다. 그가 보기에 난독증이 탁월함의 증거이기 때문에 사랑할 수밖에 없다.

"나는 일단 어떤 것에 관심을 가지면 아주 뛰어나게 잘합니다. … 내가 아는 난독증 사람들은 대체로 창의적이며 큰 그림을 보는 데 능해요. 우리는 다른 사람과 좀 다르게 생각합니다."

엠마 스톤과 리처드 브랜슨에 따르면 불안과 난독증에서도 활용할 수 있는 장점을 찾아낼 수 있다. 우리가 주목해야 할 것은 태도의 문제다. 자신의 최악까지 사랑하고 자랑하는 그들의 태도가 특별하다. 두 사람의 주장은 이렇게 요약할 수 있다. '나는 단점이 분명히 있어. 하지만 부끄럽지 않아. 나는 나의 단점을 사랑해. 내 단점이 실은 엄청난 장점이거든.'

우리도 그들처럼 자신의 단점을 수용하고 사랑할 수 있다. 가령 이렇게 생각하면 된다. 경험이 부족하다는 단점도 부끄러울 게 없는 장점이다. 편견이 없다는 뜻이고 마음이 열려 있고 지식에 대한 갈증이 크다는 의미가 될 수 있기 때문이다. 또 결정 능력이 부족한 성격은 다양한 옵션을 충분히 고려한다는 점에서 오히려 장점이다. 충동성마저도 장점이 될 수 있다. 도전적이고 모험적이며 직관력이 뛰어나다는 증거로 볼 수도 있다.

'너 자신을 사랑하라'는 구호는 모호하다. '너의 최악도 사랑하라'가 더 명료하다. 내가 나를 사랑하지 못하는 이유는 최악의 것들이 보이기 때문이다. 자신의 최악마저 사랑하면 나는 나 자신에게마저 못 견디게 매력적인 사람이 된다. 이 방법은 엠마 스톤과 리처드 브랜슨이 불안과 난독증 때문에 오래 고생한 후에야 깨달은 것이다.

끝으로 시야를 넓힐 이야기를 해보자. 정신분석학자 지그문트 프로이트가 《문명 속의 불만》(열린책들, 2020)에서 했던 이야기다. 고통은 세 군데서 온다. 나, 세계, 관계가 고통의 세 가지 원천이다. 예를 더하고 살을 붙여서 다이어그램으로 표현하면 이렇게 된다.

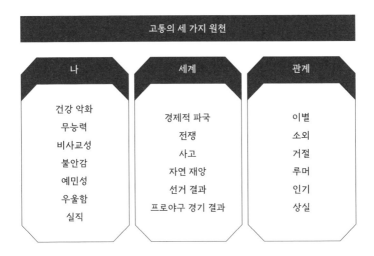

[고통의 세 가지 원천(나, 세계, 관계)]

구분이 딱 떨어지지는 않는다. 가령 실직은 개인이 원인일 수도 있지만 사회·경제적 문제 또는 상사와의 관계가 나빠서일 수 있다. 그래도 이 구분은 우리 삶의 고통을 전체적으로 조망하는 데 쓸모가 있다.

다시 정리해 보자. 인간의 고통은 '나, 관계, 세계'에서 온다. 관계와 세계는 여기서 논외다. '나'의 문제에 주목해 보자. 나 자신이 나에게 많은 고통을 일으키는 건 사실이다. 건강 악화, 무능력, 비사교성, 민감성, 우울감 등이 나에게 심각한 고통을 준다. 그럼 어떡해야 할까. 가장 쉬운 답은 '고치면 된다'이다. 그런데 나의 모든 문제가 다 고쳐지는 건 아니다. 예를 들어 비사교성이나 예민성은 고치면 좋지만, 교정이 쉽지 않다. 그럴 때 껴안고 나아가서 자랑까지 하는 방법이 있다. 예를 들어서 이렇게 말할 수 있다.

"그래, 나는 예민한 편이다. 나도 불편하다. 하지만 나는 이런 특성이 좋다. 남보다 더 많이 보고 느낀다는 뜻이니까."

요컨대 고통의 3분의 1을 일으키는 나의 문제 중에서 얼추 절반 정도를 수용하자는 것이다. 굳이 부끄러워 말고 억지로 뜯어고치려고도 말아야 한다. 대신 나의 특성을 인정하고 수용하는 것이다. 어떤 사람들은 자신의 불안 장애와 난독증까지 천재성의 증거라며 자랑을 일삼는다. 우리의 작은 단점 정도야 얼마든지 수용하고 자랑해도 완전히 괜찮다.

우리는 모두 고유하다

존 트라볼타

70살이 넘은 한 어머니가 48살 아들에게 고백했다. "나는 누군가를 사랑하는 것 같다. 그 사람은 여자다." 어떤 사람은 이 고백을 들으면 당황할 수 있다.

이 사연의 주인공인 미국의 래퍼 제이지JAY-Z는 눈물을 펑펑 쏟았다. 너무나 기뻐서 가슴이 터질 것만 같았다고 한다.

어떤 아들은 분노를 터뜨릴 수도 있다. 화를 내는 아들과 축하하는 아들은 무엇이 다를까. 그것은 차이의 인정 여부다. 어머니의 동성애를 가슴 터지게 축하하는 아들은 차이를 인정한다. 자신은 이성애자이지만 어머니의 사랑을 깔끔하게 인정하면 축하할 수 있다. 반면 어머니도 자신과 같이 이성애자여야 한다는 동질성 강박을 가진 아들은 격분할 수 있다.

알다시피 존재의 차이를 인정해야 성숙한 사람이다. 사람은 모두 다르다. 부모와 나는 다르다. 지지하는 정당이 대체로 다르고 상식도 다르다. 나의 아이도 나와 독립된 개별적 인격체다. 연인과 친구도 나와 다르다. 취향과 세계관이 각자 다를 수밖에 없다. 그 엄연한 사실을 인정하면 조금 슬프기는 해도 그게 행복한 관계를 완성하는 길이다.

다름을 수용하지 않으면 비극도 일어난다. 현실에서 많이 본다. 나와 다른 꼴을 볼 수 없어도 분노하고 싸우고 파국에 이르는 사람과 집단과 국가가 실제로 존재한다.

고전 이야기에도 비슷한 사례가 많다. 로미오와 줄리엣이 생명을 잃은 것도 차이를 인정하지 못하는 사람들 때문이다. 몬테규 가문과 캐플릿 가문의 사람들은 로미오와 줄리엣도 자신들처럼 서로 미워해야 한다고 강요했다. 그게 두 젊은 연인을 죽음으로 몰았다. 프랑켄슈타인의 비극도 같은 이유에서 일어났다. 프랑켄슈타인 박사가 만든 괴물을 본 사람들은 소리치고 돌을 던지고 총까지 쐈다. 괴물의 마음은 어린 아이와 똑같았지만 외모가 사람과 너무나 달랐다. 사람들은 자신들과 외모가 다르다는 이유만으로 괴물을 공격했고 그것이 괴물이 복수하듯 수많은 사람을 해친 하나의 계기가 됐다. 외모에 관계없이 괴물을 받아 줬다면 비극을 막을 수 있었다.

서로의 차이를 인정해야 하는 게 사실 쉽지는 않다. 특히 사랑하는 사이라면 더욱 그렇다. 사랑하는 애인이 나의 의견과 지향점이 다르면 어쩔 수 없이 슬퍼지지만 아무리 사랑해도 다른 존재이다. 슬프더라도 차이를 수용해야 더 행복해진다.

모든 사람이 다르다는 깨달음은 큰 슬픔 뒤에 찾아오기도 한다. 미국 배우 존 트라볼타John Travolta가 아내가 죽고 난 뒤 그걸 깨달았다. 2020년 그의 아내 켈리 프레스톤이 2년 동안 암 치료를 받았지만 57살의 나이에 세상을 떠나고 말았다. 고통의 시간을 수개월 보내고 나서 존 트라볼타는 나의 슬픔을 굳이 상대의 마음에 심지 말라고 말했다.

"(아내의 죽음을 통해) 나는 애도가 개인적이라는 걸 배웠다. 애도는 개인적인 일이며 사람은 자기 자신의 여정을 통해서 치유에 다다른다. 다른 사람의 여정과 같을 수는 없다. 그렇기 때문에 애도하는 사람을 도울 때 가장 중요한 것은 당신의 애도를 보태서 복잡하게 만들지 말고, 그 사람이 애도하도록 놓아 두는 것이다. 그게 내 경험이다."

사랑하는 사람의 심장이 멎으면 내 심장도 찢어질 듯 아프다. 그렇게 슬픈 것은 누구나 똑같지만 슬픔의 종류는 누구나 다르다. 그러므로 슬픈 사람은 슬픔에서 억지로 끄집어내려고 하지 말고, 실컷 슬퍼하도록 가만히 둬야 한다는 게 존 트라볼타의 주장이다.

그는 왜 이런 말을 했을까? 추측은 어렵지 않다. 아내가 유방암과 사투를 벌이기 시작했을 때부터 고마운 사람들이 위로의 말을 수없이 건넸을 것이다. 그런데 이상하게도 그 모든 따뜻한 위로 중 어느 것도 마음에 닿지 않았을 것이다. 아내가 죽은 후에 위로의 말은 역시 무력했을 것이다. 아무리 위로를 들어도 도움이 되기는커녕 위로가 보태질수록 마음이 더 복잡해졌을 것이다. 겉돌고 어색하고 불편했을 것이다.

존 트라볼타는 그 이유를 고민했을 것이고, 결국 모든 사람의 슬픔은 다르기 때문에 나의 슬픔으로 타인의 슬픔을 온전히 달래는 건 불가능하다고 깨달은 것이다.

유전자와 경험은 무한한 조합을 이루어서 우리를 하나하나 고유한 존재로 만든다. 그에 따라 우리의 감정도 다를 수밖에 없다. 감정의 교집합도 있고 교감도 가능하지만 감정의 일치는 희귀하다.

이런 자명한 사실을 편안한 시기에는 모른다. 기쁘고 즐거운 때는 그런 걸 생각할 이유도 없다. 그런데 직장에서 쫓겨나거나 뼈가 부러진 듯이 아프게 실연을 당하거나 심장같이 소중한 사람을 잃은 후에는 알게 된다. 내가 깊은 슬픔에서 탈출하고 싶은데, 나를 도와줄 사람이 나타나지 않는다. 결국 깨닫는다. 감정의 혈액형은 수백 종류라서 감정의 수혈을 받는 일이 쉽지 않다는 걸 알게 된다.

그것은 우리의 자아가 무의식의 통제를 받기 때문일 듯싶다. 무의식이 관장하는 자아는 수천 조각으로 쪼개져 있고 중심이 없으며 흩날린다. 그런 이유로 우리는 하루에도 수백 번씩 뒤바뀌는 유동적 존재일 수밖에 없으며, 따라서 타인과 일치하는 순간은 드물 수밖에 없다.

물론 감정의 접점이나 교집합이 아예 없다는 말은 아니다. 흔치 않다는 것이다. 그러니까 마음이 딱 맞지 않아도 감사한 존재다. 나를 온전히 이해하지 못한다는 게 원망이나 이별의 이유가 될 수 없다. 대충 10퍼센트나 30퍼센트만 이해할 수 있는 사람도 귀인이다.

타인이 나와 비슷할 거라는 기대를 접고, 사람은 다 다르다는 걸 인정해야 편안하고 지혜로운 사람이다. 차이의 수용이 지혜의 증거이다.

6장

자신의 인생과 운명을 사랑하라

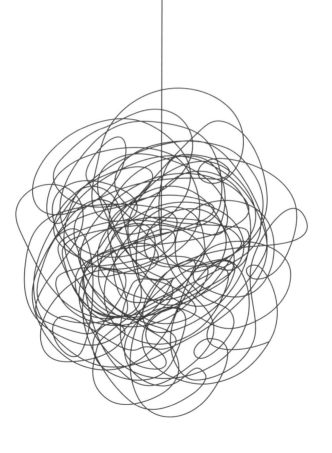

운명애, 즉 자기 운명에 대한 사랑(아모르 파티)이 삶의 고통에서 우리를 구할 수 있다. 자기 운명을 사랑하는 일쯤이야 쉬워 보인다. 아무나 붙잡고 물어보라. 웬만하면 자신의 운명을 사랑한다고 말할 수 있다. 그런데 캐물으면 답이 궁해진다. 당신의 추함, 단점, 어리석음, 불운, 무능력까지 모두 사랑할 수 있냐고, 그것이 영원히 바뀌지 않고 반복되더라도 자신의 운명을 사랑하겠냐고 물으면 뭐라고 답할까.

그러면 자기 운명을 사랑하지 않는다는 건 무슨 뜻일까? 내 운명을 미워하고 부끄러워하겠다는 말이다. 증오와 고뇌와 수치심 속에서 살겠다는 뜻이다. 그건 비극이다. 반대여야 한다.

이 장에는 운명애의 여러 유형이 있다. 희생자가 아니라 삶의 주인이라고 선언한 로버트 다우니 주니어가 예이다. 또 운명의 폭거까지 다 받아들인 어린이 노박 조코비치Novak Djokovic, 궁핍한 어린 시절까지 사랑할 수 있었던 사라 제시카 파커Sarah Jessica Parker, 온몸이 굳어 가는 운명을 기꺼이 껴안고 신나는 일을 꾸민 스티븐 호킹도 운명애의 표본을 보여 줬다.

아무도 우릴 희생시킬 수 없다

로버트 다우니 주니어

로버트 다우니 주니어를 모르는 사람은 우리나라에 많지 않다. 화려하고 행복하게 보이는 삶이지만 6살 나이에 아버지의 권유로 마약을 하게 되었다. 조기 교육의 효과는 심대했다. 로버트 다우니 주니어는 유명한 마약 중독자가 되었고 겨우 얻은 삶의 기회들도 다 잃을 뻔했다. 하지만 결국은 이겨 냈다. 로버트 다우니 주니어는 마약을 스스로 끊었다. 그렇게 평생을 고생했는데도 마약 중독으로 이끈 아버지를 비난하지 않는다. 자기 운명에 불평하지도 않았다.

로버트 다우니 주니어는 5살 때 독립 영화감독인 아버지의 영화에 처음 출연한 후 줄곧 배우의 꿈을 꿨다. 짧지 않은 무명 시절이 지나고 기회가 찾아왔다. 1992년 개봉한 영화 〈채플린〉에 출연하게 되었다. 연기를 위해서 바이올린 연주와 왼손 테니스 타법을 익히는 등 열심이었던 로버트 다우니 주니어는 미국 아카데미의 남우주연상 후보에 올랐다. 또 영국 아카데미 상에서는 남우주연상을 받았다. 제법 유명한 배우가 된 그에게 영화와 TV에 출연한 기회가 찾아왔다. 로버트 다우니 주니어의 인생이 꽃피기 시작한 것이다.

그런데 1996년부터 문제가 터진다. 로스앤젤레스에서 과속 운전으로 단속되었을 때 그의 차에는 코카인, 헤로인, 마리화나 등 마약 종합 세트와 함께 매그넘 총이 발견되었다. 얼마 후에는 로버트 다우니 주니어의 이웃이 경찰에 신고 전화를 걸었다. 모르는 남자가 아들의 침대에서 자고 있다는 것이었다. 로버트 다우니 주니어는 인사불성 상태로 남의 집에 침입해 잠을 잤다.

마약 중독자 로버트 다우니 주니어는 법과 여론의 심판을 피할 수 없었다. 1997년에는 법원이 명령한 약물 테스트를 거부했다가 교도소에서 3개월을 보냈는데, 2년 후 또 불응해서 1년 동안 복역하게 된다. 2001년에는 약에 취한 채 로스앤젤레스의 거리를 맨발로 걸어 다니는 게 목격되기도 했다. 그렇게 체포, 투옥, 재활 시설 입원이 반복되는 사이 로버트 다우니 주니어는 악명 높은 배우가 되어 영화 출연 기회를 잃게 되었다. 대중들은 그를 실컷 비난하거나 헌신짝처럼 잊어버렸다.

개인 삶에서도 어려움이 닥쳤다. 로버트 다우니 주니어의 마약 중독에 치를 떨던 첫 번째 아내와 이혼하게 되었다. 그보다 더 고통스러운 일도 일어났다. 큰아들 인디고가 마약 소지로 체포되는 일이 있었다. 로버트 다우니 주니어는 자신이 나쁜 것을 가르치고 물려줬다면서 아버지로서 자책하고 비통해했다.

그가 마약 중독자로 계속 살았다면 우리는 아마 아이언맨이 없거나 다른 아이언맨이 날아다니는 세계관을 구경했을 것이다. 다행히 로버트 다우니 주니어는 갱생에 성공했다. 2003년 마약을 완전히 끊고 배우로서 활동을 시작했으며 〈아이언맨〉을 통해 슈퍼스타가 되었다. 그렇게 30년 이력의 마약 애호가는 연기처럼 사라졌다.

마약 중독에 출구가 있었다면 입구도 있었다. 그 입구로 로버트 다우니 주니어를 인도한 사람은 다름 아닌 그의 아버지다. 로버트 다우니 주니어가 6살 때의 일이었다.

아버지인 로버트 다우니 시니어는 파격적인 독립 영화를 만드는 예술가였고 저항적이며 자유로운 정신을 가진 청년이었다. 그런데 1970년 전후 미국 청년 문화에는 마약을 미화하는 흐름이 있었다. 그 당시 마약은 의식을 확장하는 수단이었다. 창의성을 높여 주고 초월적인 정신 경험을 하게 해서 사회가 주입한 무의식의 울타리를 뛰어넘게 하는 힘이 있다고 믿었다. 어린 로버트 다우니 주니어 주변에는 허울 좋은 핑계를 내세우며 약을 해대는 사람들이 흔하디흔했다. 그 무리 중 하나였던 아버지는 양심상 그 좋은 걸 아들에게 권하지 않을 수 없었을 것이다. 6살 아들이 포도주를 마시고 있었는데 아버지 로버트 다우니 시니어는 더 진전된 제안을 했다.

"그거 마시지 말고 대신 이걸 좀 해 봐."

아버지가 건넨 것은 마리화나였다. 로버트 다우니 주니어는 사탕이나 먹어야 할 나이에 마약 맛을 알아 버렸고 이후 오랫동안 중독 상태에 빠져서 허우적거리게 된다. 철없던 아버지 로버트 다우니 시니어는 늙은 후 자기 행동을 후회하지 않았을까. 물론 후회가 극심했다. 젊은 날의 치기를 뼈저리게 후회했다. "나는 나 자신을 절대 용서하지 못할 것이다."라면서 눈물을 글썽이며 자책하기도 했다.

왜 그러지 않겠는가. 자신이 가르친 마약이 아들의 인생을 망쳤다. 아들은 체포되고 갇히고 배우로서의 기회를 잃었다. 사회적 비난이 쏟아지고 이혼을 당했으며 손자까지 마약 문제를 일으켰다. 이 모든 비극과 재앙의 문을 약에 취한 자신이 열었다고 생각했을 테니 로버트 다우니 시니어는 몇 날 며칠 가슴 치고 울었어도 전혀 이상하지 않다.

그러면 아들 로버트 다우니 주니어의 마음은 어땠을까. 아버지를 원망하지 않았을까. 보통 사람 같으면 원망하고 미워했을 것이다. 어린 자신에게 마약을 가르쳐서 중독자로 만든 아버지가 보기 싫어 견딜 수 없었을 것이다. 그리고 마약의 유혹에 꺾일 때마다, 재활 시설에 들어가고 감옥에 갇힐 때마다 아버지의 얼굴이 떠올라 고통스러웠을 것이다. 그런데 로버트 다우니 주니어는 그릇이 다르다. 평범을 넘어선 그는 잘못을 사과하는 아버지에게 예상 밖의 말을 했다.

"아버지. 나는 희생자가 아니에요. 나는 남을 탓하지 않아요."

희생자가 아니라고? 희생자라고 불러도 전혀 무리가 아니다. 철없는 아버지 때문에 심각한 피해를 입었으니 희생당한 게 맞다. 같은 처지라면 격하게 아버지를 원망할 사람이 많을 것이다. 가령 이렇게 외쳐도 된다. "아버지가 내 인생을 망쳤어요. 아버지가 마약을 권해서 내 인생 전체가 희생된 겁니다. 아시겠어요?"

그런데 로버트 다우니 주니어는 자신이 희생자가 아니라고 단언했다. 아마 아버지 마음에 상처 내지 않으려는 선한 의도도 있을 것이다. 하지만 또 다른 이유도 추정할 수 있다. 무엇보다 희생자가 되기 싫어서다. 그 단어는 함의가 문제다. '희생자'에는 무력감이 숨어 있다. 가령 "나는 당신에게 희생당했다."라고 한탄하는 사람은 상대가 일방적인 우세였고 자신은 힘없이 당하기만 했다고 말하는 것과 같다. 무기력한 존재라고 자인한 후에는 굴욕감과 무력감이 뒤따르기 때문에 기분이 엉망 진창이 된다.

그는 무력한 희생자가 되고 싶었을 리 없다. 자신의 의지, 결정 능력, 판단력을 부정하는 결과가 따르기 때문이다. 그래 서 그는 "희생자가 아니다."라고 또박또박 선언했던 것이다.

또 그는 자신의 운명을 긍정하고 싶었을 것이다. 자신이 희 생자라면 아버지는 가해자가 되고 그런 아버지를 둔 자신의 운 명은 부정해야 할 나쁜 운명이 된다. 아버지의 마약 권유는 실 수였지만, 아버지의 자유로운 정신과 창의성이 로버트 다우니 주니어에게 긍정적 영향을 끼치고 경험과 시야를 넓혀 준 것도 사실이다. 그럼에도 아버지를 나쁜 사람으로 낙인찍으면, 자신 의 기뻤던 삶의 면면까지 부정되어야 한다. 그런 게 좋을 사람 은 없다. 이 곤란을 피하는 방법은 간단하다. 희생자가 아니라 고 선언하면 아버지와 자신의 운명을 모두 껴안을 수 있다.

브라질 소설가 파울로 코엘료Paulo Coelho의 《Eleven Min-utes》(HarperCollins, 2004)에 비슷한 의미의 구절이 있다.

"우리는 세상의 희생자가 될 수도 있고 보물을 찾는 모험가 가 될 수도 있다. 인생을 보는 관점에 따라 달라진다."

우리의 인생은 뭘까. 인생은 쓰디쓴 에스프레소가 아니라 달콤한 카페모카다. 쓴맛 나는 에스프레소를 그냥 마실 필요 없다. 우유를 넣어 부드럽게 만들고 초콜릿 시럽을 넣어 달콤하게 만들고 휘핑크림을 얹어 예쁘게 꾸밀 수 있다. 우리에게 상처를 준 사람들이 있지만 그들이 우리 인생의 맛을 결정짓지 못한다. 우리는 앞으로 행복할 수 있다. 내가 결정해서 우유, 초콜릿, 캐러멜, 아몬드 등을 첨가하면 되는 일이다.

누군가 또는 어떤 일의 나쁜 영향력은 제한적이다. 기껏해야 우리에게 모기가 한 번 무는 정도의 귀찮고 작은 상처만 남길 뿐이다. 우리는 희생자가 아니라 인생의 주인이며 삶의 모험가이다. 그렇게 생각하면 우리는 자신의 힘을 느끼고 자신의 운명을 사랑하게 된다. 가령 먼 옛날 마리화나를 권했던 아빠가 흘리는 후회의 눈물을 징그럽게 닦아 주지는 못해도, 아무렇지 않다고 위로하며 떨리는 어깨에 손을 올릴 수는 있다. 그때 아빠는 젖은 눈으로 나를 올려다볼 것이며, 나는 비로소 아빠와 삶과 운명을 모두 안아 주고 싶어질 것이다.

죽어도 좋다고 생각했다

노박 조코비치

삶의 밑바닥에 떨어졌다고 생각해 보자. 나와 가족이 죽을 수도 있는 최악의 상황이 계속 이어지고 있다. 그러면 보통 사람은 마음이 깜깜해질 것이다.

그런데 비범한 사람들은 반응이 다르다. 깜깜한 상황에서도 밝은 정신을 유지한다. 예를 들어 J. K. 롤링은 실패의 경험이 오히려 자신의 미래를 밝혀 준다고 생각했다. 스티븐 호킹은 몸의 자유를 잃었지만 환한 웃음과 화사한 즐거움을 절대 포기하지 않았다.

하지만 밝아도 이렇게 밝은 사람이 또 있을까? 최악의 상황이 지속되었고 매일 밤 죽음의 공포에 떨었던 사람은 어느 순간 오히려 홀가분해졌다. 나아가 자유까지 느낀다. 그렇게 이상하리만치 밝았던 사람은 노박 조코비치이다.

역사상 최고의 프로 테니스 선수라는 평가를 받는 노박 조코비치는 2023년 6월 기준으로 387주 동안 ATP(프로 테스트 협회) 랭킹 1위에 올랐다. 그러니까 장장 7년 넘게 세상의 모든 경쟁자를 물리치고 세계 1위였던 것이다. 통산 성적은 1051승 210패로 승률이 83퍼센트에 달한다. 웬만한 대회는 다 휩쓸고 기록도 숱하게 세웠다는 의미다. 벌어들인 상금은 약 1억 7천만 달러로 인류의 테니스 역사에서 최정상급에 속한다.

그런데 이 슈퍼스타는 어려서 일찍 세상을 뜰 수도 있었다. 사망 확률이 아주 높은 전쟁터에서 자랐기 때문이다. 조코비치는 12살이던 1999년 모국에서 겪은 전쟁을 또렷이 기억하고 있다.

그는 전폭기의 배에서 출발한 미사일 두 발이 가까운 병원 건물을 뚫는 장면을 봤다. 흙먼지와 금속이 섞인 냄새가 났고 도시 전체가 오렌지색 빛을 발했다. 뒤에서 허리를 숙이고 달려온 부모님에게 이끌려 조코비치는 콘크리트 방공호로 들어갔다. 그곳에는 대피가 언제 끝날지 몰라서 담요, 음식, 물 등을 갖고 온 10명의 사람이 있었다. 아이들은 울음을 터뜨리고 폭탄 터지는 굉음이 간헐적으로 들리는 가운데 조코비치는 밤새 몸을 떨었다고 한다.

78일 동안 밤이면 밤마다 방공호에 숨어야 했다. 비행기가 날고 폭탄이 터지는 소리를 들으며 조코비치와 사람들은 매우 무서웠다. 자신과 사랑하는 가족이 폭탄 때문에 산산이 가루가 될 수 있었으니 무서울 수밖에 없었다. 사람들은 두려움과 함께 심한 무력감도 느꼈다.

"밤새 폭발음이 들렸고 비행기가 낮게 날 때는 하늘을 찢는 듯한 무서운 굉음이 들렸다. 무력감이 우리를 지배했다. 우리가 할 수 있는 것은 기다리고 바라고 기도하는 것 말고는 아무것도 없었다."

무력감은 나에게 힘이 없다는 느낌이다. 내 운명을 통제하거나 개선할 힘이 전혀 없다는 자각이 무력감을 부른다. 이를테면 입 벌린 호랑이 앞에서 아무것도 할 수 없는 아기 사슴의 심정이었다. 폭탄을 피해서 벙커로 들어갔지만, 기도 외에는 할 수 있는 것이 없어 모두 무력감에 빠져 있었다.

그런데 공포감과 무력감에 빠져 있던 조코비치가 조금씩 바뀌었다. 특히 행동에 변화가 있었는데 위험을 무릅쓰고 밖으로 나가 테니스 연습을 했다.

연습 장소를 고르는 기준은 확률을 따랐다. 가능하면 바로 어제 폭탄이 떨어진 곳을 찾아가서 연습했다. 같은 곳에 이틀 연속 폭탄이 떨어질 확률이 낮다고 믿었기 때문이다. 조코비치는 무너진 건물뿐 아니라 버려진 수영장이나 지역 테니스 클럽 건물까지 찾아다니면서 열성적으로 연습을 했다.

이렇게 연습을 시작한 것은 의미가 크다. 다시 꿈을 꾸기 시작했다는 뜻이기 때문이다. 위대한 테니스 선수가 되어서 세상을 깜짝 놀라게 하겠다던 어린 조코비치의 꿈이 전쟁터에서 되살아났다. 이즈음 행동뿐 아니라 마음도 크게 바뀌었다. 폭격 때문에 두려움과 무력감에 빠져 있던 조코비치와 가족들도 변했다. 깜깜하고 무거운 마음이 밝고 가벼워졌다.

"우리는 전쟁이 시작될 때 공포 속에서 살았다. 그런데 폭격이 계속되던 중에 나, 가족, 그리고 사람들에게 변화가 생겼다. 우리는 두려움을 멈추기로 결심했다. 너무나 많은 죽음, 너무나 많은 파괴 후에 우리는 숨는 걸 멈추었다. 자신이 진정으로 무력하다는 걸 깨달으면 어떤 자유의 감각이 생겨난다. 일어날 일은 일어난다. 미래의 일을 바꿀 방법도 전혀 없다. … 자신의 무기력을 진심으로 받아들이는 건 놀랍도록 자유로운 느낌이다."

조코비치와 사람들이 느낀 자유의 감각은 운명을 받아들이겠다는 의지에서 왔다. 죽지 않고 싶은 마음이 더 컸다면 더 깊은 지하로 들어가 그곳에서 꼼짝하지 않고 웅크려 있어야 한다. 두려움 속의 감옥살이다. 반면 내가 폭탄에 맞아 죽을 운명이라면 어쩔 수 없이 수용하겠다고 결심한 사람은 두 가지를 잃는다. 두려움과 속박이 사라진다. 이를테면 숨 막히게 눅눅한 땅굴을 나와 광활한 몽골의 초원에서 시원한 바람을 맞는 느낌이지 않을까. 운명이 무슨 짓을 하건 기꺼이 받아들이겠다고 작심한 이가 잃을 것은 구속의 쇠사슬이며 얻을 것은 자유의 기쁨이다.

운명을 수용하겠단 결심은 또 다른 중요한 변화를 낳았다. 현재에 집중하게 했다. 조코비치의 시선은 현재를 향했다. 미래의 운명이 무슨 짓을 할지는 도저히 알 수 없으니 신경을 꺼버리고, 지금 하고 싶고 할 수 있는 일에 몰두하기로 마음먹은 것이다. 그래서 조코비치는 다시 땀 흘리며 테니스 연습을 시작할 수 있었다.

미래의 운명을 걱정하는 사람은 현재에 집중할 수 없다. 반대로 운명이 무엇을 결정하든 받아들이겠다고 결심하면 현재에 몰입하는 게 가능하다. 그런데 몰입하면 나의 능력 발휘가 최대치가 되어 운명에 영향을 끼칠 가능성이 높아진다. 즉 '운명 수용 → 몰입 → 운명에 대한 영향력 증대'로 이어지게 된다. 운명을 받아들이면 운명을 변화시킬 수 있다는 뜻이다.

우리 머리 위에서도 불길한 것들이 떨어질 태세를 하고 있다. 실패, 거절, 해고, 이별 같은 것들이 폭탄처럼 언제든 떨어질 수 있다. 많은 경우 피하려 한다고 피할 수는 없다. 하나하나 빠짐없이 대비하다 보면 하루 24시간과 자신의 생체 에너지가 다 고갈되고 만다. 삶의 문제가 한두 개라면 적절히 대응할 수 있겠지만, 불행의 가능성이 너무나 압도적이라서 도저히

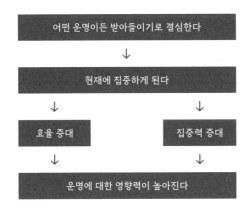

[운명 수용의 역설]

감당할 수 없을 정도라면 조코비치처럼 운명 수용을 결심하는
게 유익할 수 있다. 내일 어떤 일이 생기게 되더라도 그건 숙명
이니까 오늘 내 할 일을 하는 것이다. 가령 이렇게 마음먹어도
될 것 같다. "될 대로 돼라. 나는 내가 할 일에만 몰입하겠다."
그러면 무서움이 사라지고 마음을 조이던 속박도 없어진다. 자
유의 감각이다.

12살 소년 조코비치는 언제든 죽을 수 있는 운명을 받아들
이고, 그 운명 속에서 즐거움과 희망과 자유를 얻었다. 소년은
자신을 전쟁터로 던져 넣은 운명을 자기도 모르게 사랑했다.
즐거움과 희망과 자유를 주는 운명을 증오만 한다는 건 불가능
한 일이다. 우리 자신을 돌아보자. 우리는 사랑할 수도 있는 우
리의 운명을 미워만 하고 있는 것은 아닐까. 자존심 상하는 일
이지만 운명을 증오하면 운명이 아니라 개인이 꺾이고 쓰러질

확률이 더 높다. 어떡하든 자기 운명의 사랑스러움과 귀여움을 찾아내고 좋아해야 한다. 그럴 때 운명에서의 탈출로를 찾아낼 수 있다. 소년 조코비치는 그것에 성공했다.

불행한 시기에도 좋은 경험은 있다

사라 제시카 파커

가난 때문에 수치스럽고 괴로운 사람에게 가장 필요한 것은 무엇일까. 물론 돈이다. 그런데 다른 것도 있다. 예술적 감동이다. 예술이 경제적 수치심과 괴로움에서 우리를 구할 수 있다. 예를 들면 사라 제시카 파커가 그랬다.

사라 제시카 파커는 미국 배우이다. 1976년 11살 때 브로드웨이 뮤지컬에 데뷔했고 이후 영화와 TV에서도 활동하다가 1998년 TV 드라마 〈섹스 앤 더 시티〉의 주인공을 맡으면서 마침내 월드 스타로 떠올랐다. 그의 전성기는 과거지만 여전히 인기가 높다. 잡지 〈타임〉은 2022년 세계 최고 인플루언서 100인 중 하나로 파커를 꼽으면서 동료 배우 신시아 닉슨Cynthia Nixon의 극찬을 실었다.

"그는 크지 않지만 배우, 프로듀서, 여성 사업가로서는 거인이다. 즉 그는 사랑받는 사람이다. 우리는 그의 매력, 연약함, 겁 없고 능숙한 몸 개그, 섹시함, 달콤함을 사랑한다. 하지만 무엇보다 우리가 사랑하는 것은 그의 본질이다."

많은 사랑을 받고 돈이 많아 마냥 행복했을 것만 같지만 그는 어린 시절 찢어지게 가난한 집의 아이였고, 그래서 초등학교 3학년 때부터 감당하기 어려운 수치심을 겪어야 했다. 교사가 매일 그를 호명한 뒤 무료 점심권을 줬다. 앞으로 불려 나간 소녀는 세상과의 이질감을 느꼈다.

"우리는 복지 대상이었다. … 점심값을 내거나 집에서 점심을 가져오는 아이들과 내가 다르다는 걸 나는 알았다. 낙인이 찍혔다. 무료 점심을 먹는 건 나 혼자만이 아니었지만…."

가난한 집안과 가난한 아이라는 낙인은 어린 파커를 힘들게 했다. 파커의 집에는 트럭 운전사였던 의붓아버지와 어머니, 8명의 아이들이 함께 살았다. 그렇지 않아도 무척 가난했는데 식구가 너무 많으니 가난이 더 힘들게 느껴졌을 것이다.

"나는 가난을 기억한다. 가난을 숨길 도리가 없었다. 우리는 가끔 전기가 끊겼다. 우리는 때때로 크리스마스가 없었고 간혹 생일도 없었다. 밀려오는 건 청구서였다. 전화 회사에서는 전화를 걸어서 전화를 곧 끊겠다고 말했다. 우리도 커서 전화를 받을 수 있었다. 우리는 엄마의 반응을 보았고 부모님이 돈을 세는 것도 보았다.”

그토록 가난하게 자랐지만 파커는 비범하게도 가난한 과거를 소중히 여겼다. 그 무엇과도 과거를 절대 바꾸지 않을 거라고 말했다.

“나는 무엇을 줘도 어린 시절을 전혀 바꾸지 않을 것이다. … 대부분의 시간 동안 우리는 필요한 모든 것을 가질 수 있었다. 문화, 예술, 풍요로운 삶을 위한 활동들 말이다.”

보통은 가난하게 지내면 어두워지기 쉽다. 낮은 자존감에 고통받을 가능성도 크다. 그런데 파커는 다르다. 어린 시절을 무엇과도 바꾸지 않겠다고 한다. 그 이유는 문화·예술적으로 풍요로웠기 때문이다.

사실 그랬다. 파커와 형제들은 경제적으로는 가난했지만 문화적으로는 풍요로웠다. 열성적인 어머니 덕분이다. 어머니는 무료 공연을 찾아다니면서 자녀들이 발레나 연극을 즐기게 해줬고, 파커에게는 어릴 때부터 춤과 노래를 배우게 했다. 또 자녀의 미래를 위해 신시내티로, 뉴욕 인근으로 그리고 뉴욕으로 이사도 열심히 다녔다. 어머니의 열정 덕분에 가족은 문화적으로 풍요롭게 생활했고, 파커는 브로드웨이에서 배우가 되었다.

어린 파커는 가난했지만 예술의 세계 속에서 살았다. 이게 불행한 삶일까, 행복한 삶일까. 많은 보통 사람은 불행하다고 생각하겠지만, 파커는 생각이 다르다. 어린 시절이 분명히 행복하고 충만했으므로 절대 바꾸고 싶지 않다고 말한다. 가난은 파커에게서 행복한 기억을 앗아 가지 못한다.

파커의 '매력, 연약함, 겁 없고 능숙한 몸 개그, 섹시함, 달콤함'은 어디에서 왔을까. 타고난 연기 재능과 후천적 노력의 결과이기도 할 것이다. 아울러 예술적 경험이 만든 깊고 넓은 내면의 표현일 수도 있다.

발레, 연극, 소설, 시, 음악, 그림과 같은 예술 작품은 사람에게 근본적인 영향을 끼친다. 예술의 키워드는 아름다움과 진리다. 예술을 통해 아름다움과 진리를 체험한 사람은 평범한 사람과는 비할 수 없이 내면이 높거나 깊어진다. 가장 아름다운 장면을 봤던 사람은 비싼 가구와 비싼 옷과 비싼 가방에 마음이 흔들리지 않는다. 가장 아름다운 연주에 몰입했던 사람은 시끄러운 세상 속에서도 고요할 수 있다. 삶의 진리를 아는 사람은 돈과 명성을 위해 영혼을 팔지 않는다.

파커는 찢어지게 가난했던 어린 시절을 무엇과도 맞바꾸지 않겠다고 말했다. 풍부한 예술적 경험을 했기 때문이다. 그 경험은 파커가 배우가 되는 데 큰 도움을 줬다. 사실 가난해서 힘들었다고 불평만 할 수도 있지만 긍정적인 경험을 끌어냈다. 그리고 과거가 자신에게 도움이 됐다고 생각했다. 과거의 힘듦에만 집중하지 말자. 그 속에서도 좋았던 경험을 생각해 보자. 그러면 자신의 인생을 사랑할 수 있을 것이다.

파커는 자신의 인생을 사랑한다. 생일 파티를 하지 못했고 전기가 끊겼으며 무상 급식을 받아야 했던 어린 시절마저도 영원히 소중한 시간이다. 돈이 삶을 사랑하게 해 주지 못한다. 돈으로 살 수 없는 감동, 체험, 자부심은 삶을 사랑하게 만든다.

고통스러워도 웃음을 잃지 않다

스티븐 호킹

    온몸의 근육이 굳어서 휠체어에 앉아 있어도 그 운명을 사랑할 수 있을까. 스티븐 호킹은 자신의 운명과 인생을 진심으로 사랑했다. 어떻게든 즐거움을 찾고 의미를 만들어 웃음을 터뜨리면서 삶을 기쁘게 보냈다.

    영국의 이론 물리학자 스티븐 호킹은 21살일 때 2주 동안 병원에 입원한다. 어릴 적부터 운동을 못하고 느려서 놀림당하기 일쑤였지만 갈수록 행동이 어색해지고 이유 없이 넘어지는 일도 잦아지자 병원에 갔다. 호킹은 당시 경험을 이렇게 기술했다.

"의사들은 내 팔에서 근육 샘플을 떼어 갔고 전극을 부착했다. 방사선 불투과성 유체를 척추에 주입한 후 침대를 기울여 가면서 유체의 흐름을 엑스레이로 관찰했다. 다 마친 후에도 의사들은 병명을 알려 주지 않고 다발성 경화증은 아니며 전형적인 병도 아니라고만 말했다. 하지만 나는 알 수 있었다. 의사들은 상황이 악화될 것으로 판단했고 할 수 있는 건 비타민 처방 말고는 없었다. 나는 의사들이 비타민이 별 효과 없다고 생각하는 걸 알았다. 나는 더 이상 자세한 것을 묻고 싶지 않았다. 나쁜 상황임이 명백했기 때문이다."

스티븐 호킹은 루게릭병 판정을 받았다. 운동 신경 세포가 파괴되기 때문에 루게릭병 환자는 다른 사람들은 멀쩡히 조절하는 근육을 움직일 수 없다. 일상생활에서 쓰이는 근육들이 점차 굳어 버리는 것이다.

루게릭병 환자가 장기간 생존할 수도 있지만 대체로 2년 정도를 생존 기간으로 본다. 호흡 마비나 폐렴이 대표적인 사인이 된다. 스티븐 호킹은 2018년까지 55년을 더 살았지만 당시 의사는 2년 정도 생존할 거라고 예측했다. 21살 청년에게 23살이 되기 전에 죽을 수 있다는 무시무시한 선고가 내려졌다.

나 같은 겁쟁이라면 다 집어치웠을 것이다. 매일매일 울고불고 한탄하거나 운명에 분노했을 게 분명하다. 그렇게 자신과 주변 사람을 징그럽게 괴롭히면서 여생을 보내면 약한 겁쟁이지만 스티븐 호킹은 전혀 달랐다. 누구보다 강하고 용맹했다. 자기 운명을 받아들이고 남은 인생에 충실하기로 결심했다.

케임브리지 대학으로 되돌아가서 공부를 다시 시작했다. 불치병 진단을 받기 전보다 더 열심히 공부한 스티븐 호킹은 머잖아 박사 학위를 받았고, 케임브리지 대학교의 교수가 되었다. 《A Brief History of Time》(Bantam Dell Publishing Group, 1988)등 유명한 책을 써서 큰 돈을 번 것은 물론이고 세상에서 가장 유명한 물리학자가 되었다. 결혼도 하고 아이도 생겼다. 보통 사람들이 겪는 삶의 희로애락을 몸이 아팠던 스티븐 호킹도 누렸다.

호킹은 더 열심히 공부하고 더 뜨겁게 사랑하고 더없이 행복했을 것이다. 인생을 성실하게 재미있고 신나게 살았다. 그것은 역설적으로 루게릭병 덕분이다. 그는 인생에 대해 이렇게 말했다.

"일찍 죽을 가능성을 마주하면 인생이 살 만한 가치가 있고 하고 싶은 일이 아주 많다는 걸 깨닫게 된다."

죽음이 코앞이어서 더 즐겁게 더 많은 일을 실행했다는 이야기다. 한계가 찾아오는 건 고마운 일이다. 인생을 더 풍부하게 만드니까 그렇다. 생명의 한계를 깨닫는 순간 뜻밖에도 행복의 가능성이 열린다. 그래도 단명할 가능성이 충분했으니, 자주 무섭거나 절망을 느끼지 않았을까. 스티븐 호킹은 희망을 찾아내는 실력이 탁월했다.

"아무리 나쁜 인생 같아도 성공적으로 할 수 있는 일이 언제나 존재한다. 생명이 있는 한 희망이 있다."

최악의 상황에서도 우리가 해낼 수 있는 일이 있으니 포기하지 말라는 뜻이다. 스티븐 호킹 본인이 성공을 위해 노력했던 것은 세 가지다. 첫 번째는 연구, 두 번째는 신나게 놀기, 세 번째는 웃고 웃기기였다.

먼저 스티븐 호킹은 공부에서 강인했다. 손이 굳어서 수학 공식을 쓸 수 없는 지경이 되었지만, 공부의 즐거움을 절대 빼앗기지 않았다.

스티븐 호킹이 얼마나 강인한지 옆에서 지켜본 50년 친구인 물리학자 킵 손Kip Thorne은 이렇게 말했다.

"스티븐과 나는 53년 동안 가까운 친구였습니다. 그는 지금까지 나의 친구 중에서 단연코 가장 불굴의 의지를 가진 친구입니다. 그는 자신의 장애가 위대한 과학 작업이나 커다란 즐거움을 방해하도록 절대로 허용하지 않았습니다.
1970년대 초에 루게릭병이 깊어지면서 그는 점차 손을 쓸 수 없게 되었습니다. 그에 따라 종이 위에 연필로 긴 공식을 적어서 다루지도 못했습니다. 이것은 큰 타격일 수밖에 없습니다. 왜냐하면 수학은 모든 자연법칙을 표현하는 언어이기 때문입니다. 하지만 스티븐은 이런 손실을 강력한 이점으로 바꿔 놓았습니다. 그는 연필과 종이와 공식 없이도 수학을 하는 방법을 스스로 터득합니다. 즉 리본 곡선, 정육면체, 구체 등 기하학적 형태의 이미지와 도넛으로 변형되는 커피 잔 같은 위상학적 이미지를 마음속에서 조작했습니다. 그의 정신 속에서 흐르던 그 이미지들은 누구도 얻지 못한 통찰력을 주었습니다."

천재성만으로 될 일은 아니다. 공부의 기쁨을 절대 잃지 않겠다는 강한 의지가 없었다면, 머릿속에서 겪었을 수천수백 번의 좌절을 이겨 내서 자신만의 수학적 탐구법을 만들어 낼 수 없었을 것이다.

그런데 호킹은 공부만이 아니라 노는 것에도 불굴의 의지를 보였다. 킵 손은 호킹에 대해 이렇게 말했다.

"스티븐의 삶에 대한 사랑은 전설입니다. 헬리콥터를 타고 그랜드캐니언을 통과할 때 그의 즐거운 웃음은 전염성이 강했습니다. 무도회에서 열광적 춤을 추며 휠체어를 빙빙 돌리던 그의 웃음도, 남극에서 C130 항공기의 화물칸에서 휠체어를 움직여 깊은 남극 겨울의 눈으로 들어가던 그의 웃음도 전염성이 강했습니다."

대중이 기억하는 스티븐 호킹의 이미지는 식물에 가깝다.

가만히 앉아 있는 게 그의 모습이다. 하지만 그는 실상 화산 같은 사람이다. 폭발하는 열정을 갖고 인생을 즐겼다. 자신의 운명을 받아들이되 운명이 정한 한계 속에서 기쁨의 최대치를 끌어내서 향유한 존재가 스티븐 호킹이다. 헐크나 아이언맨처럼 강인한 그는 결혼, 공부, 강연, 저술, 연구 등을 열심히 하며 최선을 다했고 삶의 즐거움을 느꼈다.

호킹은 자신이 즐겁게 살 뿐만 아니라 사람들을 잘 웃기기도 했다. 여러 유머를 할 줄 알았지만 특히 자신의 지식을 활용한 유머를 하곤 했다. 남을 웃기면서 따뜻함을 주기도 했다.

"이 강의의 메시지는 블랙홀이 까맣게 칠한 그림처럼 검지 않다는 것입니다. 또 블랙홀은 과거 생각했던 것과는 달리 영원한 감옥도 아닙니다. 블랙홀에서 빠져나가 밖으로 갈 수도 있고 다른 우주로 갈 수도 있어요. 그러니까 블랙홀에 빠진 것 같이 느껴지는 분이 있더라도 포기하지 마세요. 탈출로가 있으니까요."

이외에도 스티븐 호킹의 유머 사례는 수도 없이 많다. 그는 왜 이렇게 열심히 농담을 했을까. 희망을 위해서다. 그는 이런 근사한 명언을 남겼다.

"인생이 아무리 힘들어도 화를 내지 않는 것이 중요하다. 왜
　냐하면 자신과 인생에 대해서 웃을 수 없다면 모든 희망을
　잃기 때문이다."

　화내는 사람은 절망한 것이고 웃는 사람은 희망을 품고 있
는 것이다. 스티븐 호킹은 희망을 잃기 싫었다. 그래서 유머를
포기하지 않았다.

　달리 말해서 호킹에게 웃음은 삶의 고통에서 벗어나 기쁨과
희망으로 질러가는 웜홀이었을 것이다. 2차 대전 때 유대인 캠
프에 갇혀 죽을 뻔했던 빅터 프랭클에게도 웃음은 비슷한 기능
이었다.

"웃을 수 없었다면 나는 생존하지 못했을 것이다. 웃음이 지
　옥 같은 상황 밖으로 나를 잠시 들어 올려 주었다."

　스티븐 호킹도 전적으로 공감할 것 같다. 지옥에서도 유머
의 태도만 있어도 된다. 사건과 거리를 마련한 후에 세상의 허
점, 웃음 포인트, 아이러니, 역설을 찾아내는 태도가 삶의 기쁨
을 지켜 줄 수 있다.

7장

희망 없이 살 수 없다

삶이 고통의 바다라면 희망이 절망보다 커야 심해로 가라앉지 않는다. 배고픈 사람은 배가 채워지기를, 추운 사람은 따뜻해지기를, 외로운 사람은 친구가 찾아오기를 희망할 때 견딜 수 있다. 반대로 절망하는 인간은 건강하고 재산이 넘쳐도 결국 침몰하게 되는 걸 우리는 보고 들어서 알고 있다.

희망이 있어야 생존하고 번성한다. 코코 샤넬은 보육원에서 벗어날 수 있다는 희망으로 버텼다. 안네 프랑크는 세상과 자신에 대한 무한한 희망을 가지려고 무척 애썼다. 희망은 눈을 잃어도 보이는 기적을 낳고, 반려견을 돌아오게 하고, 노벨상보다 일상의 소중함이 더 중요하다는 것을 알게 한다. 이번 장에서 희망의 가치를 이야기한다.

새로운 삶을 열망하라

코코 샤넬

20세기 초 프랑스였다. 아내가 숨지자 무책임한 남자는 딸을 보육원에 버리고 두 번 다시 찾아오지 않았다. 그런데 낡은 물건처럼 버려진 아이는 비정한 아버지가 상상 못 한 위대한 인물로 성장했다. 세상에서 가장 아름다운 옷을 만드는 사람이 됐다. 패션 디자이너 코코 샤넬 이야기다. 고아 소녀의 기적을 여러 요인으로 설명할 수 있지만, 그중 하나는 희망이다. 샤넬은 운명의 족쇄에서 풀려날 미래를 희망하며 견디고 성장했다.

코코 샤넬은 누구나 아는 프랑스의 디자이너이자 사업가이다. 코르셋과 페티코트에서 여성을 해방시킨 혁명적 디자이너라는 게 일반적인 평가다. 사업 능력도 뛰어났다. 프랑스의 고급 맞춤복 시장을 거의 60년 동안 지배했다. 19세기 말 태어난 코코 샤넬의 영향력은 현재도 여전히 유효하다. 그녀는 여성이 옷을 입는 방법을 바꾸었고 지금도 여성들이 사용하는 플랫 슈즈, 카디건 등에 그가 만든 패션이 녹아 있기 때문이다.

그런데 거대한 패션 왕국의 여왕은 출발이 어두웠다. 우선 집안이 무척 가난했다. 코코 샤넬의 어머니는 농부 집안 출신으로 병원에서 빨래 일을 하는 사람이었다. 아버지는 이 마을 저 마을을 떠돌아다니며 옷을 팔던 행상이었다. 부모님의 벌이가 많지 않았는데 식구들은 많아 코코 샤넬은 가난하게 살 수밖에 없었다.

그런데 가족의 가난보다 더 큰 고통이 코코 샤넬을 찾아왔다. 11살에 어머니가 세상을 떠난 후 가족 모두 뿔뿔이 흩어지고 말았다. 아버지는 코코 샤넬을 보육원에 보냈고 그 후로 찾아오지 않았다.

보육원 생활은 편하지 않았다. 규율이 무척이나 엄격했다. 또 먹고 입는 것도 풍족한 적이 없었다. 하지만 보육원에서 코코 샤넬은 인생을 결정지은 중요한 기술을 배운다. 바로 바느질이다.

코코 샤넬은 18살에 보육원에서 나와 공장에서 바느질 일을 시작했는데, 27살이던 1910년 프랑스 파리 한 가운데 부티크 샤넬 모드를 열기에 이른다. 그리고 1912년에는 두 번째 부티크, 1915년에는 세 번째 부티크를 열면서 승승장구했고, 1921년 향수 '샤넬 넘버 5'를 냈다. 1920년대 말에는 2천 명이 넘는 직원을 거느린 기업가로 우뚝 서게 된다. 이후 샤넬의 시대가 열렸다.

보육원의 외로운 소녀 코코 샤넬이 어떻게 그렇게 큰 성공을 이뤘을까? 당연하게도 다른 분야의 특출난 사업가들처럼 창의성과 분투가 있었으니 성공했을 것이다. 또 1차 세계대전 후 여성의 취향과 지위가 달라지는 시대적 변화에 민감했던 사업 감각도 성공의 주요 요인이라는 평가도 지배적이다. 그런데 내가 보기에 더 중요한 게 있다. 그것은 희망의 메시지다. 코코 샤넬은 희망의 생산자였다.

코코 샤넬은 마음속에 뿌리 깊은 희망을 품고 살았다. 어린 시절부터 그는 돈과 자유를 가질 수 있다는 희망을 품었다.

"나는 저항적인 아이였다. 자부심이 강하면 오직 하나, 즉 자유만을 원한다. 그런데 자유롭기 위해서는 돈이 있어야 한다. 감옥의 문을 여는 방법으로 나는 오직 돈만 생각했다. 이모는 자주 말하곤 했다. '너는 부자가 될 수 없어. 농부가 너를 선택해 줘도 그건 행운이야' 돈 없는 사람은 아무것도 아니고 돈이 있으면 뭐든 할 수 있다는 걸 나는 아주 어려서부터 이해하고 있었다. … 나는 돈이야말로 왕국으로 들어가는 열쇠라고 나 자신에게 반복해서 말했다. 물건을 사는 문제가 아니었다. … 나는 어떤 비용을 치르고도 나의 자유를 사야 했다."

자유는 어린 코코 샤넬에게 희망이자 열망이었다. 그럴 만하다. 그의 가족 일곱 명은 좁은 방에 부대끼며 살았다. 답답했을 것이다. 병든 어머니는 속수무책으로 죽음을 맞았다. 엄마를 살리고 싶어도 아무것도 할 수 없었다. 무능하고 무책임한 아버지는 자신을 보육원에 밀어 넣었다. 수도 없이 보육원에서 탈출하고 싶었을 것이다. 그러나 원하는 것을 하나도 할 수 없었다. 그에게 자유가 없었고 의무와 속박뿐이었다. 샤넬은 쇠사슬에 묶인 삶이 얼마나 절망적인지 뼈저리게 알았기 때문에 자유를 꿈꿀 수밖에 없었다.

샤넬은 자유를 얻기 위해 필요한 것이 돈이라고 생각했다. 물론 돈이 전부는 아니다. 돈이 아니라 지식이나 지혜도 크나큰 자유를 줄 수 있다. 진실한 마음도 속박을 깬다. 하지만 가난에 찌들어 고통받던 어린 소녀에게는 그런 고상한 것들이 보이지 않았다. 그가 보기에 어머니의 불행과 가족 해체는 돈이 없어 일어난 일이다. 돈만 있으면 문제가 다 해결될 것 같았다. 돈이 행복의 왕국 문을 여는 열쇠라고 믿은 샤넬은 어떤 비용을 치르더라도 그것을 얻겠다고 이 악물었다. 그리고 그런 날이 반드시 온다고 희망했다.

남아프리카 공화국 주교인 데스몬드 투투Desmond Tutu는 "희망은 깜깜한 어둠 속에서 빛을 보는 능력이다."라고 말했다. 샤넬은 희망의 등불을 들고 삶의 암흑 속에서 바느질을 배우면서 미래에는 꼭 성공하겠다고 다짐하고 또 다짐했다. 어린 소녀의 가슴에서 자라난 외로운 각오를 생각하면 마음이 아프다.

코코 샤넬의 이야기는 우리에게 성찰을 요구한다. 나 같으면 어땠을까. 내가 코코 샤넬의 처지였다면 환경과 부모를 미워하느라 삶을 소모하지 않았을까. 환경 탓도 해야 한다. 나를 망치고 나를 쓰러뜨린 환경을 실컷 욕해야 울화가 풀리기 때문에 환경 탓은 아주 도움이 된다. 그런데 그다음이 문제다. 환경과 운과 부모에게 실컷 분통을 터뜨린 후에는 내 순서다. 샤넬의 말처럼 내 인생이 기쁘지 않다면 내가 인생을 창조해야 한다. 새로운 인생을 만들기 위해서 도대체 뭘 해야 할지 고민해야 한다. 깊게 생각한 후 결정해야 한다.

스스로 물어볼 질문이 더 있다. 우리에게는 희망이 있나 물어봐야 한다. 가슴이 델 정도로 뜨거운 꿈이 있는지 내 가슴을 살펴봐야 하는 것이다. 그런 희망이나 꿈은 다른 사람 누가 줄 수 없다. 자기가 마련해야 한다.

보육원에 버려진 11살 소녀 코코 샤넬도 자신의 희망과 꿈을 스스로 장만했다. 그가 숙고 끝에 결정한 희망은 돈이었다. 돈을 벌어서 자유를 얻고 행복을 성취하고야 말겠다고 어린 시절부터 다짐했다. 물론 부족한 생각이다. 돈만으로 기쁨과 행복과 자부심을 얻는 건 불가능하다. 하지만 10살 남짓 아이가 자신의 꿈과 희망을 찾아내서 가슴에 품은 것은 감탄스럽다. 진심으로 존경스러울 지경이다.

세상은 고통의 바다다. 이 바다에 빠져 죽지 않으려면 희망이 필수다. 풍선에 공기를 주입하듯 가슴속에 희망을 채워야 수면에 떠서 원하는 곳으로 나아갈 수 있다. 희망이 없으면 꼬르륵 가라앉고 만다. 희망이나 꿈을 가슴에 채웠다면 누가 바다 한가운데 집어던져도 가라앉지 않는다. 그렇게 생존을 위해 꼭 필요한 꿈이 우리에게 있는가. 10살 남짓 코코 샤넬에게는 있었다.

나에게는 거리에서 보는 샤넬 제품이 화려함의 상징만은 아니다. 샤넬 로고를 보면 어둡고 추운 보육원 구석에 우두커니 앉아 있는 소녀의 뒷모습이 떠오른다. 그리고 그 상처 많은 어린 가슴 깊이 숨겨 둔 꿈을 생각해 본다. 꿈이 소녀를 보육원과 가난과 절망에서 벗어나게 했다. 가슴이 델 정도로 뜨거운 꿈이 없다면 쓸쓸한 인생일지 모른다.

시선의 방향을 희망으로 바꿔라

벤 언더우드

어느 날 두 눈을 모두 잃었다고 가정해 보자. 어떻게 해야 견딜 수 있을까. 또는 눈을 잃은 3살 아이의 어머니라고 생각해 보자. 마음을 어떻게 추스를 수 있을까. 두려움에 떠는 아이에게는 뭐라고 말해 줘야 할까. 상상하기도 싫은 그런 고통을 겪은 아이와 엄마가 미국에 있었다.

아이의 이름은 벤 언더우드Ben Underwood이고 1992년 1월 캘리포니아 리버사이드에서 태어났다. 천사처럼 아무 죄 없이 세상에 나온 벤이 만 2살에 청천벽력처럼 암 진단을 받았다. 망막에 악성 종양이 생기는 병이었다. 그리고 만 3세 때는 양쪽 안구 제거 수술을 받을 수밖에 없었다.

엄마 아쿠아네타 고든은 비통한 순간을 뚜렷이 기억했다. 회복실에서 벤이 울면서 말했다. "엄마, 엄마가 안 보여요. 아무것도 보이지 않아요."

엄마는 무너지듯 주저앉아서 펑펑 울고 싶었다. 하지만 그럴 수가 없었다. 아이도 무너질 것이기 때문이었다. 엄마는 온 힘을 다해서 용기를 내고 희망을 말해야 했다. 엄마는 벤에게 눈이 없어도 세상을 볼 수 있다고 약속했다.

"나는 아이의 작은 손을 잡고 내 얼굴에 대고는 말했어요. '벤 너는 여전히 엄마를 볼 수 있단다. 너는 손으로 엄마를 볼 수 있어. 너는 엄마를 만질 수 있으니까.' 그 다음으로 내 얼굴을 아이의 얼굴에 대고는 이렇게 말했어요. '벤, 너는 엄마를 코로 볼 수 있어. 너는 엄마 냄새를 맡을 수 있잖니.' 그리고 이렇게도 말했죠. '너는 너의 귀로도 엄마를 볼 수 있단다. 너는 엄마의 말을 들을 수 있으니까.'"

엄마는 아이에게 눈이 없어도 엄마와 세상을 볼 수 있다고 말했다. 손끝, 코, 귀로 얼마든지 볼 수 있으니 조금도 걱정하지 말라고 달래 주고 약속했다. 엄마도 스스로 놀랐을 것이다. 자신에게 그런 낙관의 용기가 있다는 사실이 믿기지 않았을 것이다. 누구나 그렇다. 가장 힘든 시기에 가장 큰 힘을 자기 속에서 발견한다.

하지만 엄마의 낙관적 약속은 꿈같은 이야기였을 뿐이다. 누구나 안다. 두 눈이 없으니 세상을 볼 수는 없다는 건 말할 필요도 없이 분명한 상식이다. 그런데 이 상식이 던져진 유리 그릇처럼 산산조각이 났다.

벤에게 기적이 일어났다. 5살 때부터 귀로 보기 시작했다. 귀로 본다는 게 어떻게 가능할까. 벤은 혀를 차서 '딱딱' 소리를 냈고 그 소리의 반향을 들으면서 사물의 위치와 모양을 파악하는 것이다.

주변 물체에 반사된 음파를 이용해서 자기 위치를 확인하는 능력인 반향 정위를 이용해 세상을 봤던 것이다. 벤 언더우드는 돌고래처럼 귀로 세상을 보는 신비한 능력의 소유자가 되었다. 혀를 차서 '딱딱' 소리를 내고 그 반향으로 세상을 봤다.

어떻게 그런 기적이 일어났을까. 벤은 이렇게 말했다.

"엄마가 말해 줬을 때 나는 정말로 믿었어요. 결국은 볼 수 있는 방법을 찾았는데 이것(반향 정위 능력)인 것 같아요."

기적의 바탕에 희망이 깔려 있었다. 엄마의 약속을 벤은 믿어 의심치 않았다. 자신에게 세상을 보는 시각이 이미 있으며, 머지않아 더 선명하게 볼 날이 온다고 믿었다. 그렇게 기적이 꽃필 수 있었다.

물론 희망만으로 기적을 일으킬 수는 없다. 벤은 신경학적으로 특수한 아이였다고 추정하는 게 합리적이다. 지금의 과학이 설명할 수 없는 선천적 특성이 반향 정위를 가능하게 했을 법하다. 하지만 그렇다고 해도 희망은 꼭 필요했다.

눈물을 흘리는 벤에게 엄마가 상식적으로 말해 줄 수도 있었다. 그러니까 "너는 앞으로 볼 수 없지만 행복할 수 있단다."라고 말할 수도 있었다. 만일 그랬다면 벤은 눈 없이도 세상을 볼 수 있다는 희망이 생기지 않았을 테고, 그의 유전자 깊이 숨어 있던 반향 정위 능력이 깨어날 수 없었다. 희망이 없었다면 벤은 날개 꺾인 새처럼 날 수 없었다.

물론 희망과 신경학적 특성이 전부는 아니다. 노력도 필요하다. 벤 언더우드는 고단한 연습을 참아 냈다. 엄마는 벤을 시력이 있는 아이로 여기며 특별 대우를 전혀 하지 않았고 벤도 자신이 앞이 보이는 듯이 살았다. 여기저기 부딪히고 넘어지고 깨지는 아픔을 오랫동안 참아 낸 후에, 어느 날 벤은 소리로 세상을 보는 능력을 갖추게 되었다. 마술처럼 아무 노고 없이 벤의 기적이 일어난 게 아니다. 고통도 적지 않았을 게 분명하다. 좌절의 순간도 허다했을 것이다.

희망은 온실에서 자라지 못한다. 햇빛과 물이 귀한 황무지가 희망의 최적 서식지다. 내면을 강화하는 패배와 실패의 경험 없이 최고의 희망은 생겨날 수 없다.

벤과 엄마는 거대한 고통을 넘어서는 단순한 비법을 알려 준 고마운 사람들이다. 크고 작은 삶의 기적을 일으키는 것은 뜨거운 희망과 굴하지 않는 행동이다. 희망과 행동의 가치를 모르는 사람은 자기 속에 있는 기적의 날개를 꺾는다.

두려움에 주목하면 두려움이 커진다. 좌절과 실패의 경험에 집착하는 습성이 또다른 좌절과 실패를 부른다. 인생은 그렇게 부서진다. 반대로 벤의 조언처럼, 자신의 잠재력과 가능성과 희망에 주목할 수도 있다. 어두운 것과 밝은 것 중에서 어느 쪽을 바라봐야 할까. 어둠을 보면 삶이 어두워지고 밝음을 보면 삶이 밝아진다. 눈망울을 1센티미터만 돌리는 일이다. 삶의 밝기를 결정짓는 것은 시선의 방향이다.

과거는 바꿀 수 있다

실베스터 스탤론

　　실베스터 스탤론Sylvester Stallone은 원로 할리우드 대스타다. 오래전 '록키 시리즈'와 '람보 시리즈'의 출연으로 유명한 배우다. 그가 1946년 태어날 때는 불운했다. 어머니가 합병증을 앓아서 난산인 탓에 산부인과 의사는 핀셋 모양의 겸자 두 개를 이용해서 아기를 끄집어내야 했는데 문제가 생긴다. 아기 얼굴이 다쳐 입술, 혀, 턱부위가 마비되어 아이는 어눌한 발음으로 말하게 되었다. 한쪽 입이 쳐진 것처럼 보이기도 했다. 실베스터 스탤론은 일부 기능을 잃은 얼굴로 태어난 것이다.

　　실베스터 스탤론이 쉽게 배우로 성공한 것은 아니다. 첩첩산중이고 가시밭길이었다. 가난한 가정 환경이 큰 걸림돌이었다. 그는 배우의 꿈을 이루려 나섰지만 묵을 곳이 없어서 버스 정류소에서 자기도 했다. 하지만 그는 길거리에서도 출세작

〈록키〉의 대본을 멈추지 않고 계속 썼다.

실베스터 스텔론은 더 가난해져서 어려운 결단을 내려야 하는 상황까지 왔다. 사랑하는 불 마스티프 종 반려견을 50달러에 팔아야 했다. 원래는 100달러에 내놨는데 반값에 리틀 지미라는 사람이 샀다고 한다. 반려견을 파는 건 무척 슬펐지만 음식을 사야 했으니 어쩔 수 없었다.

그러나 반려견과의 이별 이야기는 해피엔딩이었다. 머지않아 반려견은 원래 주인에게 돌아온다. 실베스터 스텔론은 영화 〈록키〉의 대본을 영화사에 판 직후 리틀 지미에게 갔다. 그런데 리틀 지미가 거절을 했다. 아이들이 벌써 반려견을 사랑하고 있다는 것이었다. 실베스터 스텔론은 할 수 없이 돈을 더 주겠다고 했다. 옥신각신하다가 결국은 3천 달러를 내고 반려견을 되샀다고 한다. 1970년대의 일이니까 거금이었다. 1975년 맥도날드 햄버거의 미국 내 평균 가격은 30센트였다. 실베스터 스텔론은 햄버거 1만 개 정도를 구입할 돈을 써서 반려견을 되찾았다.

우리가 길에서 자야 하는 처지였다면 어땠을까? 혼자서라도 신세 한탄을 하지 않았을까 싶다. 나 자신의 인생이 불쌍했을 것이다. 가치도 없는 내 인생이 창피했을 게 분명하다.

실베스터 스텔론은 달랐다. 창피할 겨를이 없었다. 대본을 써야 했기 때문이다. 영화 대본 쓰기는 그에게 희망이었다. 대본을 완성하면 더 좋은 삶을 열 수 있다는 희망이 있었다. 대본을 쓸 수만 있으면 좋았다.

삶이 고통스럽다면 한탄하지 말고 희망을 갖는 게 훨씬 낫다. 희망은 진통제이기 때문이다. 그리고 희망은 진통 효과를 넘어서 쾌활 효과까지 있다. 희망을 품으면 아프지 않을 뿐 아니라 기분이 좋아지기까지 하는 것이다.

희망이 중요한 이유는 현재 순간을 견딜 수 있게 하기 때문이다. 내일이 더 나을 거라고 믿으면 오늘의 고난을 견딜 수 있다.
—   틱 낫 한Thích Nhất Hạnh

희망은 절망적인 상황에서도 쾌활해지는 힘이다.
—   G. K. 체스터튼G. K. Chesterton

그래서 희망을 품은 사람은 고통이 줄어들고 유쾌하다. 길에서 잠을 자더라도 밝은 미래를 희망하고 준비하는 사람은 마음과 미래가 밝을 수밖에 없다.

실베스터 스탤론은 반려견을 팔 때도 되찾을 희망을 버리지 않았다고 했다. 대본이 영화사에 팔리면 사랑하는 개를 되찾을 수 있다고 믿었고 그 희망은 정말로 실현되었다.

희망은 멈추지 않으면 더 좋은 일이 생길 거라는 믿음이다. 희망 없는 사람은 삶의 노예다. 앞으로 나아갈 이유를 모르니까 채찍질에도 털썩 주저앉는다. 희망을 품은 사람은 다르다. 족쇄를 끌면서도 앞으로 나아간다. 일을 하고 책을 읽고 대본을 쓴다. 멈추지 않으면 더 좋은 삶이 열린다는 걸 아니까 멈추기 싫은 것이다. 희망이 우리를 삶의 주인으로 바꾼다.

희망은 과거도 바꿀 수 있다. 위 에피소드에서는 희망이 반려견을 되찾아 주었다. 실베스터 스탤론이 포기했던 반려견을 되찾은 것처럼, 우리는 과거의 상실을 만회할 수 있다. 금전, 기회, 관계를 지금 잃었다고 해도 최종이 아니다. 되찾을 기회가 온다. 희망적 자세로 현재를 가꾸면서 기다리면 된다.

실베스터 스탤론의 마비된 얼굴도 의미가 바뀐다. 그의 부자연스러운 얼굴은 시그니처가 되었다. 어눌한 말투와 불만스러운 표정은 그 배우의 상징이다. 얼굴이 의학적으로 치유된 것은 아니지만 의미적으로 치유된다. 길바닥에서 절망했다면 그의 얼굴 장애는 놀림거리였겠지만 이제는 자랑거리가 되었다. 그것이 실베스터 스탤론이 자기 힘으로 일으킨 중요한 의미 변화다.

우리는 시간 여행자다. 현재 속에 갇혀 살지 않는다. 과거로 가서 예쁘게 고칠 수 있다. 과거를 바꾸려면 오늘 성실해야 하며, 오늘 성실하기 위해서는 무엇보다 가슴에 희망을 품고 있어야 한다. 희망이 시간 여행의 동력인 것이다.

그런데 현실적인 이야기도 해야 하겠다. 실베스터 스탤론의 이야기는 틀림없이 감동적이고 교훈적이지만, 의문이 드는 걸 피할 수 없다. 희망이 좋은 것이기는 하겠지만 그렇다고 모든 희망이 다 좋은 것인가. 해로운 희망은 없는 걸까.

해로운 희망도 있다. 나도 많이 목격했다. 인생을 바꾸고 싶다면서 10년 넘게 매주 상당한 돈을 복권 구입에 쓰는 사람을 안다. 의사 아버지의 뜻에 따라 의대에 진학하려고 6년 동안 수험생 생활을 했지만 합격 못한 청년도 있다. 또 사업을 시작했다가 쓰러지고 다시 시작하기를 여러 번 반복한 끝에 가족, 이웃, 친구 등 주변 사람들에게 경제적 손실을 입히고 끝내 잠적한 사람도 있다. 그들은 모두 희망을 포기하지 않는 집념의 존재들이지만 실베스터 스탤론과 달리 꿈꾸던 목표를 이루지 못했다. 그렇다고 실패한 인생은 아니다. 복권 구입 중독자는 다르겠지만 수험생과 실패한 사업가의 도전까지 무의미하지 않다. 고통스러운 도전 속에서 깨닫고 성장한 그들이 희망이나 도전도 기피하는 보통 사람보다 더 충만한 삶을 살게 될 가능성이 충분하다.

하지만 손실이 너무 컸다. 회복하기 힘든 시간이 길었고 깨져버린 관계를 다시 복원하는 것도 쉽지 않아 보인다. 희망은 소중하다. 희망은 죽음의 순간까지 포기하지 말아야 한다. 틀림없는 사실이다. 하지만 동시에 희망을 경계해야 한다. 희망은 나에게 해로울 수 있다. 내 희망이 '독희망'일 가능성이 높지 않더라도 엄연히 존재한다. 그런데 어떻게 판별할 것인가. 그 기준은 중요한데도 좀처럼 이야기되지 않는다.

경계해야 할 해로운 희망은 세 가지를 점검하면 알 수 있다.

첫 번째로 외부 요인에 의존하는 희망은 좋지 않다. 내가 직접 영향을 미칠 수 없는 희망이 있다. 복권 당첨이 대표적이다. 복권에 당첨되면 인생이 바뀌겠지만 당첨은 나의 통제권 밖에서 벌어지는 사건이다. 위험도가 높은 주식 투자와 타인의 도움이 필요한 희망도 모두 외부 의존적이다. 건강한 희망일 수 없다.

두 번째로 현실적이지 않은 희망도 해롭다. 꿈만 가지면 뭐든 될 수 있다는 약속은 아이들을 위한 것이다. 현실적인 꿈이어야 한다. 나의 능력과 경험에 대한 분석이 필요하다. 또 현실 상황 분석과 구체적 계획도 필수다. 환상적이고 아름다운 꿈이라고 모두 좋은 꿈은 아니다.

세 번째, 내가 정말 좋아하는 꿈이어야 한다. 예를 들어서 의사가 되기를 원치 않는 아이에게 그런 희망을 강요하면, 그 희망은 독희망이 된다. 남이 심어 준 꿈은 이뤄도 행복하지 않기 때문에 오히려 해로울 수 있다.

희망은 어렵다. 희망하지 않으면 자기 잠재력과 숨은 기회를 날려 버릴 위험이 크다. 그러나 허황된 희망은 삶에 큰 손실을 입힌다. 희망은 이로우면서도 해로운 것이다. 희망을 품되 희망의 건전성을 되돌아보는 사람이 희망을 지킬 수 있다.

일상에서 누리는 행복을 깨닫다

베냐민 리스트

큰 부자였던 늙은 남자에게 신장 하나가 필요했다. 중병에 걸려 양쪽 신장이 기능을 잃었기 때문이다. 고통이 몹시 컸기에 빨리 이식 수술을 받고 싶었다. 그런데 자식 셋 중 누구도 신장 하나를 주겠다고 나서지 않았다. 유산을 받기 전까지는 간이라도 떼 줄 것 같은 자식들이었다. 또 자신의 경제적 도움에 고마워하던 수많은 지인도 이제는 가난해진 그를 아무도 찾지 않았다. 남자는 중병의 고통 덕분에 알게 된다. 자신이 사랑받고 있다는 믿음은 완전한 환상이었다. 남자가 진실을 알고 생을 마감할 수 있게 도와준 것은 그 극심한 고통이었다. 그렇게 자신에 대한 환상을 깨트려 주니 고통은 고마운 것이다. 철학자 니체가 이렇게 말했다.

"지금까지 우리가 어떤 위험한 환상 속에서 살아왔다고 가정해 보자. 고통스러운 현실은 이 망상에서 벗어날 수 있는 수단, 아마도 유일한 수단을 불러낸다."

고통스러운 현실이 찾아와야, 우리는 자신이 환상 속에 살고 있었다는 걸 깨닫게 된다. 2021년 노벨 화학상을 받은 독일 과학자 베냐민 리스트Benjamin List도 그런 경험을 했다.

그가 겪은 현실의 고통이란 죽음의 위기였다. 그것도 자신만이 아니라 어린아이들을 포함한 가족 전체가 죽음을 맞을 뻔했다. 그 경험 덕분에 베냐민 리스트는 환상에서 깨어났다. 노벨상이 엄청난 가치가 있다는 생각이 한낱 망상이란 걸 알게된 것이다. 그는 일상에서 누리는 커피 한잔이 노벨상 하나와 비슷한 가치를 갖는다고 믿는 사람으로 변했다.

2004년 12월 베냐민 리스트는 아내, 두 아들과 함께 태국 휴양지의 수영장에서 물놀이를 즐기고 있었다. 그런데 거대한 파도가 밀려왔다. 동남아 곳곳에서 30만 명을 희생시킨 거대한 죽음의 쓰나미였다. 크고 검은 파도가 휩쓸자 물 위에 차와 집이 떠다녔다. 산 사람과 죽은 사람도 떠다녔다. 여기저기서 비명이 들렸다. 지옥이 따로 없었다.

베냐민 리스트의 가족은 천운이었다. 모두 생존했으니 기적이었다. 그런데 첫째 아들은 현장에서 크게 다쳤다. 3살 아들이 보이지 않다가 밤이 되어서야 100킬로미터 떨어진 병원에서 찾았다. 그는 아이를 찾은 건 "감격적이고 아름다운 일이었다."라고 회고했다. 또 수없이 많은 사람이 죽었는데 자신과 가족들은 생존했으니 너무나 감사하고 행복했다고 말했다.

쓰나미 경험을 한 후 몇 개월이 지나고 베냐민 리스트의 인생 가치관이 완전히 바뀌게 된다.

"사람들이 원하는 것은 대상입니다. 페라리, 노벨상, 좋은 직업, 완벽한 배우자 같은 '대상'이 우리를 행복하게 만들 거라고 생각하죠. 그러나 생명이 위험한 상황에 놓이면 무엇이 행복하게 만드는지에 대해 완전히 다른 관점을 갖게 됩니다. 가령 숨 쉴 수 있다는 게 얼마나 아름다운 축복인지 깨닫게 되죠. 바다에 빠지고 가족들을 잃을 위기를 겪고 난 뒤 그 경험은 몇 개월 안에 나를 바꿔 놓았습니다. 나는 인정받고 싶은 욕망을 완전히 잃었습니다. … 나는 진리를 알고 있습니다. 인생에서 무엇이 중요한지 알고 있습니다. 그것은 대상을 얻는 게 결코 아닙니다. 노벨상일지라도 그렇습니다. … 오해하지는 마세요. 저는 노벨상 수상을 진심으로 감사하게 생각합니다. 하지만 그것이 내가 진정 원하는 게 아니라는 걸 마음 깊이 압니다. 숨 쉴 수 있는 것, 삶을 있는 그대로 즐기는 능력, 아침에 마시는 커피 한잔, 떠오르는 태양, 그런 것들이 정말 중요하고 우리를 행복하게 합니다."

가족 모두 죽을 위기에 놓인다는 건 큰 고통이다. 그런 고통을 겪은 후 사람에게는 급진적 변화가 생긴다는 걸 베냐민 리스트의 회고담에서 확인할 수 있다.

베냐민 리스트는 삶의 우선순위가 완전히 뒤바뀌었다. 원래는 노벨상, 좋은 직업, 사회적 인정 등을 바랐던 것 같다. 그러나 사고를 당한 후 우선순위의 상위에 다른 것을 놓게 된다. 숨을 쉰다는 사실, 삶을 즐기는 능력, 모닝커피 한잔, 태양의 기운이 훨씬 중요하다고 평가하게 된 것이다. 그의 인생에서 가장 중요한 깨달음이다. 이것이 큰 고통을 겪은 후에 일어난 일이다. 그러므로 역시 고난은 형벌이 아니라 축복일 수 있다.

글머리에서 소개한 이야기의 늙은 남자도 비슷한 것을 크게 깨달았다. 건강할 때 그에게는 돈이 가장 중요했기 때문에 근면하게 일했고 바라던 대로 부자가 되었다. 그는 인색하지 않은 사람이었기에 돈을 가족과 친구들에게 아낌없이 나눠 줬다. 그 귀한 것을 나눈 이유는 그렇게 하면 사랑을 받을 수 있다고 믿었기 때문이다. 하지만 병든 후 가난한 그는 버림받았다.

다시 산다면 그는 돈을 우선순위에서 밀어낼 게 분명하다. 돈으로 환심을 사지 않고 대화하고 커피를 마시고 햇빛을 쬐면서 마음으로 가까워졌을 것이다. 그렇게 하면 변치 않는 사랑을 얻을 수 있다.

베냐민 리스트와 늙은 남자의 우선순위를 살펴보면 중요한 사실을 알 수 있다. 가장 중요한 것들은 희소성이 낮다. 햇빛,

커피 한잔, 숨 쉴 공기, 대화, 관심은 흔하다. 언제든지 쓸 수 있는 것이다. 무한하다. 그리고 비싸지도 않다. 거의 공짜다. 이 사실에서 우리가 끌어낼 수 있는 삶의 원리가 있다.

"귀하지 않은 것이 가장 귀하다. 가장 흔한 것이 가장 큰 행 복을 준다."

놀라운 사실이다. 우리의 무의식적 지향과 정반대이다. 우 리는 귀한 것을 가져야 행복하다고 생각한다. 노벨상, 페라리, 큰 집, 큰돈 등에 최상위 가치를 둔다. 햇빛, 커피, 대화, 관심 등은 중요성이 아주 낮은 것들이다. 그런데 삶의 고통을 겪고 나면 그 순위가 뒤집힌다. 커피와 대화처럼 귀하지 않은 게 귀 하다는 걸 깨닫는다. 가장 흔한 것이 가장 큰 행복을 준다는 걸 뼈저리게 느낀다. 죽을 뻔하거나 버림을 받는 것과 같은 고통 이 그렇게 삶의 우선순위를 거꾸로 뒤집어 놓는다.

그 사실은 희망을 준다. 흔한 것이 더 가치 있다는 건 정말 로 희망적일 수밖에 없다. 누구나 쉬운 길만 원하면 즉시 행복 할 수 있다는 뜻이기 때문이다. 시험에 합격하기 전에도, 노벨 상을 받기 전에도, 큰돈을 벌기 전에도 우리에게는 이미 행복 의 재료가 있다. 산소, 햇빛, 커피, 친구, 가족, 대화 등은 우리 가까이에 있다. 그것의 가치를 높게 여기면 된다. 진실에 눈을 뜨기만 하면 우리는 금방 행복해진다. 행복은 너무나 쉽다. 아무나 언제나 쉽게 누릴 수 있다. 희망적이고 기쁜 소식이다.

죽게 되어서야 그 진리를 깨닫지 않으려면, 일찍부터 자기 점검을 하는 습관이 필요하다. 삶의 우선순위를 점검하는 질문들은 가령 이런 것들이다.

내가 정말로 중요한 것을 중요하게 생각하고 있는가.

가족의 사랑이 돈보다 훨씬 더 소중하다는 평범한 진리를 잊지 않고 있는가.

오늘 하루 동안 삶을 있는 그대로 즐겼는가.

기쁘게 커피 한잔을 마셨는가.

산소와 햇빛처럼 가장 귀하지 않은 걸 귀하게 여기는가.

사랑하는 사람의 얼굴을 쓰다듬어 주었는가.

물론 까다로운 과제이기는 하지만 위 질문에 몇 개라도 예스라고 답했다면 그 삶은 충분히 희망적이다. 파국의 위기를 맞기 훨씬 전에 미리 행복을 누릴 지혜로운 사람의 인생이다.

희망은 언제든 있다

안네 프랑크

1929년 독일 프랑크푸르트에서 태어난 안네 프랑크는 알다시피 유대인 혈통이었다. 생득적인 혈통 때문에 죽을 수 있다니 얼마나 무서운 일인가. 하지만 당시 히틀러가 득세한 독일에서 유대인은 그렇게 너무나 위험한 처지였다. 달리 선택의 여지가 없었던 안네 프랑크 가족은 목숨 걸고 독일을 탈출해서 네덜란드 암스테르담의 한 건물로 숨어 들게 된다.

은신하면서 쓴 《안네의 일기》를 보면 안네 프랑크는 죽음의 공포가 무척 컸다는 걸 금방 알 수 있다. 하루는 유대인 수용소에 대해서 들은 소문을 이렇게 써 놓았다.

"(수용소에는) 먹을 게 거의 없고 마실 것도 부족하며 물은 하루 한 시간만 나온다. 그리고 사람이 수천 명인데 화장실과 개수대는 하나뿐이다."

유대인 수용소는 제대로 먹지도 마시지도 못하는 생지옥이다. 그런 곳에 끌려갈지도 모른다는 생각만 해도 머리카락이 곤두섰을 것이다. 어느 날 안네 프랑크는 수용소로 끌려가는 사람들을 실제로 보고 말았다. 숨어 있던 건물의 창밖 상황이었다. 안네 프랑크는 독일 군인들이 유대인들을 끌고 가는 장면을 창가에 숨어서 가슴 떨며 지켜본 후에 이렇게 기록했다.

"아픈 사람, 노인, 어린이, 아기, 임신한 여성까지 모두 죽음을 향해 걸어갔다."

자신의 가족도 발각되면 같은 운명이 될 수 있다는 걸 안네는 잘 알고 있었다. 독일 군인과 경찰이 은신처로 들이닥치면 결국 '총에 맞아' 숨질 것이라고 안네는 일기에 썼다.

비극적이게도 그런 무서운 상상이 현실이 되고 만다. 13살부터 약 2년 동안 숨어서 지낸 안네 프랑크 이야기의 결말이 슬프다. 1944년에 독일 경찰이 은신처에 들이닥쳐서 가족들을 죽음의 수용소로 끌고 갔고, 아버지를 제외하고 안네, 언니, 어머니 모두 고통 속에서 세상을 떠나고 말았다.

안네 프랑크는 어린 나이에 비통한 죽음을 맞았다. 그럼에도 안네 프랑크는 절망이 아니라 희망의 상징이다. 《안네의 일기》를 읽고 어린이에서 어른까지 전 세계에서 감동과 희망을 경험한다. 안네 프랑크가 세상의 마음을 사로잡는 근원적 원인은 뭘까.

첫 번째로 희망을 찾아내는 아주 예민한 감각이 안네 프랑크에게 있다. 그에게는 칠흑의 상황에서도 빛을 찾아내는 능력이 있다.

"나는 세상이 서서히 황무지로 변하는 게 보인다. 어느 날 우리까지 파괴할 천둥소리가 다가오는 게 들린다. 수백만 명이 고통을 겪는 게 느껴진다. 하지만 하늘을 보면 난 왠지 모든 것이 나아지고, 잔인함은 끝나고 평화와 고요가 다시 돌아올 거라고 느끼게 된다."

전쟁으로 황폐된 세상에서 수백만 명이 고통받고 있으며 잘못하면 자기 가족도 위험해진다는 걸 안네는 잘 알고 있다. 나처럼 흔한 겁쟁이 어른이라면 공포감에 절어서 이렇게 중얼거린다. "정말 큰일이다. 이 세상도 우리 가족도 다 끝날 것 같다." 그러나 어린 안네 프랑크는 그렇게까지 두렵지 않았다. 희망이 보였기 때문이다. 멀지 않아 평화와 고요가 다시 찾아올 것처럼 느껴지니 두려워하기만 할 이유가 없었다. 안네 프랑크는 희망 민감성이 아주 높다. 라디오에서 미군의 진격 소식을 듣고는 일기에 이렇게 썼다.

"(독일) 침공의 가장 좋은 점은 친구들(영국군과 미군이)이 오는 걸 느끼게 되었다는 것이다. 그 끔찍한 독일이 우리를 너무 오랫동안 억압하고 협박했기 때문에 친구들과 구원에 대한 생각이 우리의 모든 것이 되었다."

《안네의 일기》에서 저 구절을 읽고 나는 놀랐다. 전쟁으로 친구의 존재와 소중함을 알게 되어 다행이라는 뜻이다. 14살가량의 아이가 어떻게 그런 최악에서도 긍정적 사실을 찾아낼 수 있었을까. 가령 일제의 조선 침공에 대입하면 "일본이 우리나라를 침공하고 억압한 덕분에 우리는 애국 애족을 깨달았으니 오히려 기쁜 일이다."라고 말하는 것과 비슷하다. 또 개인적 좌절 상황에 대입하면 "이번에 겪은 경제적 파산의 가장 좋은 점은 가족의 결속이 높아졌다는 점이다."라고 긍정 평가하는 것과 다르지 않다.

크고 소중한 걸 잃었지만 훨씬 더 크고 소중한 것을 얻었다고 말하는 안네 프랑크는 작은 아이가 아닌 커다란 현자 같아서 감탄할 수밖에 없다. 작고 부정적인 것을 어떻게든 찾아 내 겁먹은 자신을 합리화하는 어른으로서는 놀랍고 부끄러울 정도다.

안네의 두 번째 힘은 자기 긍정 능력이다. 그가 자기반성을 하지 않는 건 아니지만, 자기 부정이나 자기 멸시를 허용하지 않는다.

"나는 돈이나 소유물이 많지 않다. 아름답지 않고 지적이지
도 않으며 현명하지도 않다. 하지만 나는 지금 행복하다. 현
재의 이 모습대로 살 것이다. 나는 행복하게 태어났다."

안네 프랑크는 자신에게 단점이 많다고 생각한다. 가진 것
도 없고 예쁘지도 않고 현명하지도 않다고 인정한다. 하지만
현재의 자기 모습을 받아들여 부끄러워하지 않겠다는 자기 긍
정을 실천한다.

흔한 어른들은 자신의 단점 때문에 스스로를 부끄러워하거
나 싫어한다. 안네 프랑크는 다르다. 자신의 단점을 인식하면
서도 자신을 좋아하고 긍정한다. 그는 이렇게 말하는 셈이다.
"예쁘지 않고 현명하지 않아도 나는 내가 좋다." 감탄스러운 자
기 긍정, 자기 사랑의 자세다. 안네 프랑크는 비난받아도 자기
긍정을 포기하지 않는다. 누군가에게 좋지 않은 말을 들은 후
그는 이런 일기를 썼다.

"기대, 생각, 비난, 자책이 내 머리 주변에서 소용돌이치고
있다. 나는 많은 사람들이 생각하는 것처럼 교만하지는 않
다. 나도 나의 잘못과 단점을 누구보다 잘 알고 있으니까.
… 나는 내가 변화하기를 원하고 변화할 것이며 벌써 아주

많이 변화했다."

안네 프랑크는 속상하고 마음이 복잡해서 별의별 생각이 다 들었을 것이다. 하지만 곧 밝은 결론을 내린다. 남들의 비난이 틀렸다고 말이다. 자신은 단점까지 잘 알고 있는 데다가 변화까지 이뤄 내고 있으므로 자신을 교만하다고 한 비판은 틀렸다고 판단했다. 안네는 이렇게 말하는 셈이다. "사람들이 나를 어떻게 비난해도 괜찮다. 나는 이미 성장하고 있다."

세 번째로 안네 프랑크는 자기 위로의 구체적 방법을 알고 있었다. 외롭고 불행해져서 희망을 잃게 되면 어떡해야 하나. 어찌할 바를 몰라 괴로워만 하는 사람들이 많지만, 청소년 안네 프랑크는 해결책을 이미 터득했다.

"두렵고 외롭고 불행한 사람에게 가장 좋은 치유책은 밖으로 나가는 것이다. 홀로 있을 수 있는 곳으로, 하늘과 자연과 신과 함께 홀로 있을 수 있는 곳으로 가는 것이다. 그러면, 그러기만 하면 모든 것이 본연의 모습이며 신은 자연의 아름다움과 단순함 속에서 사람들이 행복해지길 바란다는 걸 알게 된다. 나는 알고 있다. 자연이 존재하는 한 그 어떤 상황에서도 모든 슬픔은 위로를 받을 것이다."

자연 속에서 신의 위로하는 목소리를 들은 듯이 말한다. 자연이 두려움, 외로움, 불행, 슬픔을 다 위로해 줄 것이라 믿는 안네 프랑크에게 자연은 신의 현현이며 원천적인 희망이다.

그런데 좁은 건물에 숨어 지내는 안네 프랑크는 숲으로 걸어 나갈 수 없다. 그래서 대안도 마련했다. 다락에서라도 하늘을 올려다보는 것이다.

"부와 명성과 모든 것들은 잃어버릴 수 있어. 하지만 마음속 행복은 희미해질 뿐 살아 있는 한 항상 거기에 있을 것이며 나를 다시 행복하게 만들 거야. 외롭고 슬플 때면 아름다운 날 다락방으로 가서 밖을 바라봐. 집이나 옥상이 아니라 하늘을 보는 거야. 두려움을 버리고 하늘을 보면 내가 마음이 순수하며 다시 행복해질 수 있다는 걸 알게 될 거야."

우리도 그렇게 하자. 외롭고 슬퍼지면 하늘을 올려다보자. 그러면 마음이 다시 순수해지고 행복해질 것이다.

안네 프랑크의 네 번째 힘은 단호함이다. 자기 규율과 자기 통제의 의지가 강한 그는 약해 빠진 어른들에게 따끔한 자극을 준다.

"솔직하게 말하면 '나는 약하다'라고 말하고 그 상태에 머무는 사람들을 나는 상상하기 어렵다. 자신이 약하다는 걸 안다면 왜 그것과 싸워서 자신의 캐릭터를 바꾸지 않을까. 그에 대한 답은 항상 있었다. 그러지 않는 게 편하기 때문이다. 그런 답을 들으면 나는 힘이 빠진다. 편하다고? 자신을 속이는 게으른 삶이 정말 편할까? 아니다. 그것은 사실일 수 없다."

"행복을 얻는다는 건 생각만 하고 게으른 게 아니라 바르게 행동하고 노력한다는 뜻이다. 게으름에 끌리기 쉽지만 진정한 만족을 주는 것은 노력뿐이다."

안네 프랑크는 자신에게 엄격했다. 자기 마음을 단속해서 바르게 행동하고 실천하려는 의지가 강했다. 왜 그래야 했을까. 그래야만 행복해진다고 그는 믿었다. 안네 프랑크는 타인의 행복에도 관심이 컸다. 남에게 도움을 주는 게 죽음을 뛰어넘는 길이라고 생각했다.

"나는 모든 사람에게 유용하고 싶고 즐거움을 주고 싶다. 내가 만난 적이 없는 사람에게까지. 나는 죽음 이후에도 살기를 원한다."

《안네의 일기》의 키워드를 하나만 꼽으라면 그것은 희망이다. 안네 프랑크는 희망 초능력을 가진 청소년이었다. 전쟁의

황무지에서 희망을 보는 능력이 있었다. 자신의 단점에 가려 있는 장점도 꿰뚫어 볼 수 있고, 마음을 되살리는 숲과 하늘의 치유력도 알고 있다. 게으름과 핑계를 버리고 진정으로 노력하면 자신을 변화시키고 원대한 꿈을 이룬다는 희망을 믿는다.

희망은 좋은 일이 일어날 가능성을 믿는 마음이다. 알다시피 반대 개념은 절망이다. 희망적인 사람은 상황 속에서 긍정적 가능성을 빨리도 찾아낸다. 어둠 속에서도 희미한 빛을 본다. 반면 절망적인 사람은 부정적 가능성에 주목한다. 밝은 빛 아래에서도 검은 그림자를 굳이 찾아낸다. 희망은 용사를 만들고 절망은 겁쟁이를 만든다. 미소는 희망에서 비롯되고 우울은 절망에서 비롯된다. 그래서 희망은 중요할 수밖에 없다.

우리는 너무 쉽게 희망을 잃고 만다. 전쟁과 기아와 빈곤에 시달리는 것도 아니면서 괜히 절망하는 사람이 적지 않다. 우리의 처지가 비참하게 절망적이어서일까. 아니면 희망하는 능력이 부족하기 때문일까. 희망 능력을 배워야 한다면 안네 프랑크가 좋은 교사이다. 안네 프랑크는 세상에서, 자신에게서, 자연에게서, 주변 사람에게서 어떻게든 희망을 찾아내고야 말았다. 전쟁과 죽음의 공포가 곁에 도사리고 있는데도 말이다.

안네가 살아 있다면 풍요와 안전 속에서도 얕은 이유로 절망하는 허약한 우리를 보고 큰 충격을 받을 것 같다. 그리고 이런 질문을 하고 싶을 것이다. "두려움을 떨치고 하늘을 보면 마음에 희망이 다시 찾아든다는 걸 당신은 아직 모르나요?"

1장 괴로워 죽겠다면 목표를 세워라

1. 뜨거운 목표 의식이 나를 살린다_톰 크루즈
- Andrew Mortom, 《Tom Cruise: An Unauthorized Biography》, St. Martin's Press, 2008
- Tom Cruise: My Struggle to Read, People, 2003.07.21, https://people.com/archive/tom-cruise-my-struggle-to-read-vol-60-no-3/
- Dan Slipper, The dyslexia factor, BBC, https://www.bbc.co.uk/ouch/features/high_achieving_dyslexics.shtml
- Tom Cruise's role as Lestat, Anne Rice, 2009.12.18, https://www.youtube.com/watch?v=q662gCwpKfI
- Tom Cruise on Doing Incredibly Dangerous Stunts, Mission Impossible & Top Gun with Val Kilmer, Jimmy Kimmel Live, 2023.02.25, https://www.youtube.com/watch?v=KA3KDbU5dqk
- Tom Cruise On "I Really Enjoy Working Hard", Strong Mind Motivation, 2022.09.04, https://www.youtube.com/watch?v=-Jt68vveuZUk

2. 좋아하는 일을 자신에게 선물하라_스티븐 스필버그, 에미넴
- FILM; Steven Spielberg Faces the Holocaust, The New York Times, 1993.12.12, https://www.nytimes.com/1993/12/12/movies/film-steven-spielberg-faces-the-holocaust.html

- Steven Spielberg, People, 1999.03.15, https://people.com/archive/steven-spielberg/
- Eminem Discusses Being Bullied And His Rhyming Process, billboard, 2010.10.11, https://www.billboard.com/music/music-news/eminem-discusses-being-bullied-and-his-rhyming-process-954401/
- Has He No Shame?, Los Angeles Times, 2000.05.14, https://www.latimes.com/archives/la-xpm-2000-may-14-ca-29770-story.html

3. 불행하지 않은 삶을 상상하라_리즈 머리

- Peter Jevin[Director], 2017, Homeless to Harvard: The Liz Murray Story[TV Movie], Columbia
- LIZ MURRAY Depauw University, https://www.depauw.edu/arts-and-culture/speakers/ubben-lecture-series/archives/details/liz-murray/
- Michael Andrei(2015.10.15), No one gets where they are going alone, Murray tells UB audience, University at Buffalo, 2024.01.16, https://www.buffalo.edu/community-health-equity-institute/news.host.html/content/shared/university/news/ub-reporter-articles/stories/2015/10/murray_dss.detail.html

4. 고요히 할 수 있는 일에 집중하라_베서니 해밀턴, 레오나르도 디카프리오

- Bethany Hamilton, 《Be Unstoppable: The Art of Never Giving Up》, Zondervan, 2018
- Leonardo DiCaprio Career Retrospective | SAG-AFTRA Foundation Conversations, SAG-AFTRA Foundation, 2014. 9. 24, https://www.youtube.com/watch?v=61oxkOk4jy0

5. 상처를 통해 사랑을 회복하라_안젤리나졸리

- Amnesty International , Angelina Jolie, Geraldine Van Bueren, 《Know Your Rights and Claim Them: A Guide for Youth》, Zest Books, 2021
- Ready, set, love, failure, CNN, 2005. 06. 10, https://edition.cnn.com/2005/SHOWBIZ/06/08/eye.ent.smith/
- Angelina Jolie directs 'In the Land of Blood and Honey', USA TODAY Digital Services, https://web.archive.org/web/20140909044024/http://usatoday30.usatoday.com/life/movies/news/story/2011-12-08/2011-angelina-jolie/51752708/1
- Jolie's kindergarten kisses, New24, https://www.news24.com/news24/jolies-kindergarten-kisses-20070418
- 'To stand here today means that I did as she asked': Angelina Jolie breaks down as she thanks her late mother in honorary Oscar speech, Daily Mail, 2013. 11. 17, https://www.dailymail.co.uk/tvshowbiz/article-2508954/Angelina-Jolie-breaks-thanks-late-mother-honorary-Oscar-speech.html,
- Angelina Jolie: Taming Her Wild Heart, Parade, 2010. 07.11, https://parade.com/131662/dotsonrader/angelina-jolie-taming-her-wild-heart/

2장 인간은 깨지기 쉽지만 가루가 되지는 않는다

1. 부족한 부분도 끌어안아라_브래드 피트

- Brad Pitt Talks Divorce, Quitting Drinking, GQ, 2017.03.03, https://www.gq.com/story/brad-pitt-gq-style-cover-story

2. 상실로부터 배워라_키아누 리브스
- Dean Koontz, 《The Darkest Evening of the Year》, Bantam, 2007

3. 오늘의 행복을 누려라_크리스 카
- Kris Carr, 《Crazy Sexy Diet: Eat Your Veggies, Ignite Your Spark, and Live Like You Mean It!》, Skirt!, 2011
- 발타자르 토마스, 김부용, 《우울한 날엔 니체》, 자음과모음, 2018

4. 자신에게 친절하라_안소니 홉킨스
- Dr. Kristin Neff, Self-Compassion: The Proven Power of Being Kind to Yourself, William Morrow, 2011

5. 불행에서 의미를 찾아라_샤를리즈 테론
- Charlize Theron Portrays The 'Gray Area' Of Sexual Harassment In 'Bombshell', NPR, 2019.12.16, https://www.npr.org/2019/12/16/786759703/charlize-theron-portrays-the-gray-area-of-sexual-harassment-in-bombshell
- Charlize Theron's Sick Work Ethic, The New York Times, 2017.07.25, https://www.nytimes.com/2017/07/25/movies/charlize-therons-sick-work-ethic-atomic-blonde.html
- Michael Nelson, BARACK OBAMA: LIFE BEFORE THE PRESIDENCY, University of Virginia, https://millercenter.org/president/obama/life-before-the-presidency#:~:text=%E2%80%9CI%20was%20raised%20as%20an,cultures%20that%20all%20fed%20me.%E2%80%9D
- Wallace, W, 《Life of Arthur Schopenhauer》, Honolulu, University Press of the Pacific. 2003

3장 내가 정말 못 견디게 불행한가?

1. 불행할 땐 더 큰 불행을 떠올려라_셰릴 샌드버그
- Sheryl Sandberg, Facebook chief, speaks from the heart at Commencement 2016, Berkeley News, 2016.05.16, https://news. berkeley.edu/2016/05/16/sheryl-sandberg-2016-commencement-address
- Vitor E. Fankle, 《Man's Search for Meaning》, Beacon Press, 2006

2. 삶을 이루는 것들을 사랑하라_케이티 파이퍼
- Katie Piper, 《Beautiful》, Ebury Press, 2011
- Anaïs Nin, 《The Diary of Anaïs Nin, Vol. 4: 1944-1947》, Mariner Books Classics, 1972

3. 나의 불행을 객관화 하라_브래드 피트, 스티븐 호킹
- Oscar Nominee Brad Pitt On The Unmentionables: Marriage, Politics and Religion, The Hollywood Reporter, 2012.01.25, https://www.hollywoodreporter.com/movies/movie-news/brad-pitt-angelina-jolie-oscars-moneyball-tree-of-life-284533/
- Stephen Hawking, 〈Dr Stephen Hawking's disability advice〉, Annals of Neurosciences, Vol 16, No 3, 2009
- Dan Haybron, 《Happiness: A Very Short Introduction》, Oxford University Press, 2013

4. 어두운 기억에서 희망을 찾아라_크리스티나 아길레라
- Gretchen Goldsmith[Producer], 2003, E! Entertainment Special: Christina Aguilera[TV Movie], E! Entertainmant Television

- Christina Aguilera Talks About the Unfair Expectations Put on Mothers, Women's Health, 2016.02.01, https://www.womenshealthmag.com/life/a19955573/christina-aguilera-feb-2016/
- Patrick Stewart: the legacy of domestic violence, The Guardian, 2009.11.27, https://www.theguardian.com/society/2009/nov/27/patrick-stewart-domestic-violence
- The Mixed-Up Life of Shia LaBeouf, Parade, 2009.06.14, https://parade.com/130832/dotsonrader/shia-labeouf-mixed-up-life/

4장 두려움을 이기는 용기는 어떻게 만들 수 있을까?

1. 실패로부터 배워라_J. K. 롤링
- Text of J.K. Rowling's speech, The Harvard Gazette, 2008.06.05, https://news.harvard.edu/gazette/story/2008/06/text-of-j-k-rowling-speech/
- Transcript of Oprah Interview, hpthedailyprophet, https://web.archive.org/web/20111021064222/http://www.hpthedailyprophet.com/transcript-oprah-interview\

2. 두려움은 실체가 없다_오프라 윈프리
- Oprah Winfrey, 《The Oprah Magazine (February 2007)》, Hearst Communications, 2007

3. 두려움 너머에 있는 새로운 나를 상상하라_어밀리아 에어하트
- Biography, ameliaearhart, https://www.ameliaearhart.com/biog-

raphy/
- Amelia Earhart, 《Last Flight》, Crown Trade, 1996

4. 사랑으로 두려움을 극복하라_말랄라 유사프자이
- Malala Yousafzai, 《I Am Malala: The Story of the Girl Who Stood Up for Education and was Shot by the Taliban》, Little, Brown and Company, 2013

5. 아프면 아프다고 말하는 것이 용기다_다이애나 스펜서
- Andrew Morton, 《Diana: Her True Story》, Michael O'Mara Books, 1992
- Tom Jennings, David Tillman[Director], 2017, Diana: In Her Own Words[TV Movie], Kaboom Film and Television
- Mike Robinson[Producer], 1995, An Interview with HRH The Princess of Wales(Season 43-Episode 35), [documentary series episode], Paranoma, BBC
- Daniel Putman, 《Psychological Courage》, University Press of America, 2004

6. 고독한 침묵 속이 가장 안전하다_리오넬 메시
- Lionel Messi: I'm not the sort of guy who shouts and screams before a match, FourFourTwo, 2015.04.21, https://www.fourfourtwo.com/features/lionel-messi-im-not-sort-guy-who-shouts-and-screams-match
- Interview: Lionel Messi on His Sport, Cristiano Ronaldo — and Argentina, Time, 2012.01.26, https://content.time.com/time/world/article/0,8599,2105369-2,00.html

5장 삶의 슬픔까지 받아들이는 용기,
삶이 내 마음대로 되어야 할까

1. 아픔을 받아들이는 것이 용기다_마이클 J. 폭스
- Michael J. Fox 'Stunned' by Robin Williams's Parkinson's Diagnosis, People, 2014.08.14, https://people.com/celebrity/michael-j-fox-stunned-by-robin-williamss-parkinsons-diagnosis/
- Michael J. Fox laughs about Parkinson's, York Press, 2013.03.28, https://www.yorkpress.co.uk/news/10321611.michael-j-fox-laughs-about-parkinsons/
- Our First Interview with Christopher Reeve, Ability, 20018.02.06, https://abilitymagazine.com/christopher-reeve-the-man-behind-the-cape/

2. 불쌍하게 여겨라_앙겔라 메르켈
- Tom Cruise: "I Can Create Who I Am", Parade digital, "https://web.archive.org/web/20110412060632/http://www.parade.com/articles/editions/2006/edition_04-09-2006/Tom_Cruise_cover
- Jim Carrey on How His Childhood Fears Inspired His New Kids' Book 'How Roland Rolls', The Hollywood Reporter, 2013.09.24, https://www.hollywoodreporter.com/news/general-news/jim-carrey-how-his-childhood-634764/

3. 나의 최악도 받아들이는 것이 아름답다_엠마 스톤
- Great Minds Think Unalike: with Emma Stone and Dr. Harold S. Koplewicz, Child Mind Institute, 2018.10.02, https://www.youtube.com/watch?v=E-HvtRjMsFs
- 'Dyslexia Is My Superpower': How Learning Differently Helped

Richard Branson, Robb Report, 2022.07.19, https://robbreport.
com.au/business/dyslexia-is-my-superpower-how-learn-
ing-differently-helped-richard-branson/

4. 우리는 모두 고유하다_존 트라볼타
- John Travolta expresses his heartbreaking experience with grief
  after losing wife Kelly Preston, Hello!, 2012.04.02, https://www.
  hellomagazine.com/celebrities/20210421111529/john-travol-
  ta-heartbreaking-experience-grief-kelly-preston-death/

6장 자신의 인생과 운명을 사랑하라

1. 아무도 우릴 희생시킬 수 없다_로버트 다우니 주니어
- The Star In Cell 17, Vanity Fair, 2000.08.01, https://www.vani-
  tyfair.com/hollywood/2000/08/robert-downey-jr-prison
- Paulo Coelho, 《Elleven Minutes》, HarperCollins India, 2006

2. 죽어도 좋다고 생각했다_노박 조코비치
-   Novak okovi, 《Serve To Win: The 14-day Gluten-free Plan For
  Physical And Mental Excellence》, Corgi Books, 2014

3. 불행한 시기에도 좋은 경험은 있다_사라 제시카 파커
- The 100 Most Influential People of 2022- Sarah Jessica Parker,
  Time, 2022.05.23, https://time.com/collection/100-most-influ-
  ential-people-2022/6177790/sarah-jessica-parker/

- TALKING MONEY WITH: SARAH JESSICA PARKER; From A Start On Welfare To Riches In the City, The New York times, 2000.06.30, https://www.nytimes.com/2000/07/30/business/talking-money-with-sarah-jessica-parker-start-welfare-riches-city.html

4. 고통스러워도 웃음을 잃지 않다_스티븐 호킹
- Stephen Hawking, 〈Dr. Stephen Hawking's disability advice〉, Annals of Neurosciences, Vol 16, No 3, 2009
- '킵 손의 스티븐 윌리엄 호킹에 보내는 헌사 (Tribute to Stephen William Hawking by Kip Thorne)' 는 미국 캘리포니아공대의 홈페이지 등에 공개되어 있다. https://www.cco.caltech.edu/~kip/scripts/PubScans/VI-55.pdf
- Stephen Hawking: Black holes, making science cool and being funny, BBC, 2018.03.14, https://www.bbc.com/news/newsbeat-43398560

7장 희망 없이 살 수 없다

1. 새로운 삶을 열망하라_코코 샤넬
- Rhonda K. Garelick, 《Mademoiselle: Coco Chanel and the Pulse of History》, Random House Trade Paperbacks, 2015

2. 시선의 방향을 희망으로 바꿔라_벤 언더우드
- Elliot McCaffrey[Director], (2007.01.29), The Boy Who Sees Without Eyes(Season7-Episode2), [TV series episode], Extraordi-

nary People, Channel 5
- Aquanetta Gordon, 《Echoes of an Angel: The Miraculous True Story of a Boy Who Lost HIs Eyes but Could Still See》, Tyndale Momentum, 2014

3. 과거는 바꿀 수 있다_실베스터 스탤론
- Sylvester Stallone, Shotlist, 2013.01.28, https://www.shortlist.com/news/sylvester-stallone
- Here's what a fast-food burger cost the year you were born, Busuness Insider, 2018.09.28, https://www.businessinsider.com/fast-food-burgers-cost-every-year-2018-9

4. 일상에서 누리는 행복을 깨닫다_베냐민 리스트
- 발타자르 토마스, 김부용, 《우울한 날엔 니체》, 자음과모음, 2018
- Chemistry laureate Benjamin List on the meaning of life, Nobel Prize, 2023.05.02, https://www.facebook.com/nobelprize/videos/chemistry-laureate-benjamin-list-on-the-meaning-of-life/147511321461022

5. 희망은 언제든 있다_안네 프랑크
- Anne Frank, 《Anne Frank: The Diary of a Young Girl By Anne Frank》, Bantam Books, 1994

당신이 불행하다는 착각

초판 1쇄 발행 2024년 2월 7일

지은이 정재영
펴낸이 박영미
펴낸곳 포르체

책임편집 강가연
마케팅 정은주
디자인 황규성

출판신고 2020년 7월 20일 제2020-000103호
전화 02-6083-0128 | 팩스 02-6008-0126
이메일 porchetogo@gmail.com
포스트 https://m.post.naver.com/porche_book
인스타그램 www.instagram.com/porche_book

ⓒ 정재영(저작권자와 맺은 특약에 따라 검인을 생략합니다.)
ISBN 979-11-93584-20-0 (03190)

여러분의 소중한 원고를 보내주세요.
porchetogo@gmail.com